Sufrir Con Propósito

Sufrir Con Propósito

Sufrir Con Propósito:

El Privilegio De Sufrir En Un Mundo

Quebrantado

por

Lino & Esmeralda

Camacho

Lino & Esmeralda Camacho

Para mas información contacta:

purposedrivenpain@gmail.com

ISBN: 9798387526633

Diseño de portada hecho por Karina Brundrett (TheChosenOneInkTattoo.com)

Sufrir Con Propósito

CONTENIDO

Dedicación

Nos gustaría darles las gracias por apoyar nuestra misión, la cual es compartir la gracia amorosa de Jesucristo y el arrepentimiento de los pecados hacia este mundo quebrantado. Este libro es dedicado para aquellos que han perdido un bebé en el pasado; ya sea, a través de un aborto espontaneo, o un aborto intencional. Si tuviste un aborto intencional en el pasado, queremos recordarte que tu bebé esta en el Cielo, y que Dios te perdonará si le pides perdón. Así mismo, este libro es para aquellos que no han hallado el propósito de su dolor, y que no han podido encontrar la paz en sus vidas. Además, nos gustaría dedicar este libro a nuestros padres: Simitrio Luis, Blanca, Luis Alfonso, y Cintia, por guiarnos, protegernos, amarnos, y criarnos de la mejor manera. Principalmente, dedicamos este libro para Esperanza, nuestro primer bebé que se ha ido con el Señor; la perdida de un hijo es probablemente el limón más agrio que la vida tiene para ofrecer; sin embargo, Dios puede transformar lo días más oscuros de nuestras vidas en una

luz de esperanza para las vidas de millones.

Capitulo 01

Nuestro Mundo Doloroso

El dolor está en todas partes. Todos en el mundo vamos a experimentar dolor en algún punto de nuestras vidas; es inevitable. Puede ser un bebé recién nacido que siente el dolor emocional después de separarse de su madre para ser limpiado, o quizás un pequeño que sintió el dolor por su primera astilla. Igual que un niño de siete años que acaba de recibir un golpe con el cinturón por alzarle la voz a su madre, o la adolescente que acaba de perder a su padre en un accidente de auto, o el sufrimiento que están pasando unos padres por haber perdido a su bebé. El dolor no tiene una edad especifica para impactar, ya que no excluye a nadie. Quizás puede haber diferentes niveles de dolor que experimenta la gente, pero aún así, hay dolor. No es una competencia para ver quien puede pasar por más dolor. Las experiencias dolorosas que las personas han experimentado no deberían ser usadas para desestimar a aquellos que no han tenido experiencias tan intensas de dolor; al contrario, deberían ser utilizadas para animar a los demás, para seguir adelante en medio de su sufrimiento.

Muchas veces, la gente experimenta dolor emocional, pero no saben o quizás tienen miedo de expresarlo. Esto no es el caso con el dolor físico, la mayoría de la gente expresa el dolor físico muy bien; con un grito o en algunos casos con una grosería. La gente que tiene dificultad expresando su dolor emocional suelen ser de familias que evitan cualquier confrontación o afecto, por el temor de ser vulnerables. Ser vulnerable ocasiona que la persona salga de su zona de confort, el cual puede causar miedo por los resultados desconocidos. Para algunos la vulnerabilidad es aterradora debido a las expectativas poco realistas que se les han inculcado cuando eran niños. Estas expectativas irrealistas, en el caso de los varones, pueden provenir de la mentalidad machista, donde los hombres jóvenes son rechazados por expresar sus verdaderas emociones o afecciones, porque dentro del machismo se dice que tienen que verse como hombres "machos". Desafortunadamente, es por esta razón que muchos hombres temen o no están seguros cómo expresar sus emociones hacia sus novias, prometidas, o esposas; por la imagen deseada que "deben" de generar. Por otro lado, las mujeres tienen miedo de revelar su agonía, por el temor de no sentirse seguras cuando se expresan con alguien. Es por esta razón que ser vulnerable podría ocasionar angustia para las mujeres y los hombres. Sin embargo, el temor no debería ser usado como una excusa para evitar expresar el sufrimiento emocional, porque podría impactar al individuo, y la gente a su alrededor de una manera muy negativa. Gary Chapman declara, "Si los padres no escuchan las quejas de sus hijos y no buscan entender por qué se sienten así, el enojo del niño se va internalizar y después aparecerá en el comportamiento del mismo. Los psicólogos le llaman a esto comportamiento agresivo-pasivo"[1] Aunque esto se dirige hacia los niños, los adultos también expresan comportamiento agresivo-pasivo cuando se guardan las dificultades emocionales y psicológicas; esto es uno de muchos resultados negativos acompañado por el dolor reprimido.

El dolor emocional que se reserva una persona, inevitablemente causara caos en algún punto de sus vidas. Este puede ser el caso en la vida de los matrimonios cuando hay falta de comunicación entre el hombre y la mujer. Jimmy Evans menciona, "La mayor necesidad de una mujer casada es la seguridad, y la mayor necesidad de un hombre casado es el honor."[2] Si el esposo no revela sus emociones o afecciones hacia su esposa, la esposa no se va sentir cómoda expresando su dolor hacia su esposo, por no

---

[1] Gary, Chapman, *"Anger: Handling a Powerful Emotion in a Healthy Way"*, Chicago, IL. Northfield Publishing, 2017, 148.
[2] Jimmy, Evans, *"The Four Laws of Love: Guaranteed Success for Every Married Couple"*, Dallas, TX. XO Publishing, 2019, 44.

sentirse segura. Por lo tanto, esto causa conflicto en el matrimonio porque no se están cumpliendo las necesidades principales de uno al otro. Además, las consecuencias de reprimir tanto dolor pueden ser fatal. Muchas veces, la gente que está batallando con depresión no saben cómo, ni con quién expresar su dolor, lo cual podría producir sentimientos de soledad y desesperación. Definitivamente, la desesperación que esta sufriendo la persona se pondrá tan grave que sentirá que no hay ninguna manera de salir de la oscuridad que tan fácil lo consume, al punto de contemplar o hasta cometer el suicidio. Lo que yo (Lino), he aprendido de mi pasado es de que cuando reprimía el dolor causado por el Trastorno de Estrés Pos-Traumático (TEPT), empecé a sentirme vacío y sin esperanza; esto ocasionó pensamientos de suicidio. Todos estos pensamientos empezaron a desaparecer cuando le confesé a Jesús y a mi esposa que estaba dispuesto a dejar la agonía que me torturaba por dentro.

Por eso es crucial que la gente se confiese con alguien de confianza en medio de su agonía, para que el dolor sea liberado. Por ejemplo, durante la academia de bombero, aprendí lo que era una explosión de vapores que se expanden al hervir el líquido; es una explosión que ocurre cuando hay demasiada presión acumulada dentro de un contenedor. La única manera de evitar este tipo de explosión es a través de la ventilación del contenedor para que se vaya disminuyendo la presión de adentro. Deberíamos evitar una explosión de este tipo en nuestras vidas a través de la ventilación emocional, si no, las consecuencias serán catastróficas. Ventilar el dolor puede ser un proceso difícil por la vulnerabilidad, por eso es importante expresar la angustia con una persona de confianza. Aunque el proceso de ventilar las emociones sea difícil, los beneficios de expresarse con algún amigo o familiar de confianza sobrepasa cualquier resultado que surge cuando no lo hagas.

Dios formó nuestros cuerpos tan perfectos, que nos avisa cuando hay una deficiencia dentro de él; que puede ser físicamente o psicológicamente. Por ejemplo, cuando uno sufre por dolor de cabeza, dolor estomacal, calambres, o cualquier tipo de malestar; el cuerpo nos está tratando de avisar sobre algo importante que requiere nuestra atención. Si nuestros cuerpos empiezan acalambrarse, quizás nos esta tratando de avisar que hay una deficiencia de agua o potasio. Por otro lado, si hay dolor de cabeza o dolor estomacal, puede ser por problemas psicológicos o emocionales desatendidos que requieren nuestra atención. Andy, por ejemplo, el ha tenido malestar estomacal por bastante tiempo y no ha podido averiguar por qué; él ha estado comiendo sano, bebiendo suficiente agua, y ejercitándose, y está un poco confundido por estos problemas digestivos. Sin embargo, no ha tomado la iniciativa para expresar su agonía a su esposa o alguien más. Mientras estaba trabajando, el oficial Andy llegó a una escena horrenda donde un niño fue herido por una bala en la cabeza por un maniaco, y no ha podido sacar esa imagen de su mente. Andy no ha expresado sus sentimientos sobre el incidente con nadie, y ha estado internalizando su enojo sobre ese evento diabólico e inexplicable. Es evidente que las emociones de Andy han contribuido en el dolor estomacal que ha estado sintiendo, y tiene que tomar los pasos necesarios para atender sus necesidades físicas y psicológicas. Uno de los métodos más efectivos para soltar el dolor, primeramente, es confesándolo a Dios y pidiéndole que intervenga con sus manos sanadoras. Así mimo, se tiene que platicar sobre el dolor con una persona confiable, y si esa persona no puede ayudar, buscar a un pastor o psicólogo que pueda asistirte con ese problema.

¿Cómo beneficia ventilar la angustia que se acumula por dentro? Solamente por experiencias personales fue que mi esposa y yo aprendimos a dirigirnos hacia Dios sobre nuestra aflicción en el primer año de matrimonio, y vimos como Dios comenzó a sanar el dolor implacable que nos ahogaba. Después de someternos a Dios y pedirle que intervenga en nuestras vidas, empezamos a buscar ayuda adicional a través de los estudios Bíblicos y gente de confianza. Era difícil; sin embargo, nos dio la oportunidad de madurar en el matrimonio y espiritualmente. En cuanto nos confesamos el uno y al otro lo que nos molestaba, empezamos a ajustar ciertos comportamientos, para poder complacernos. Esto no solo nos ayudó a convertirnos en personas más transparentes emocionalmente, si no que también contribuyó al aumento de la intimidad. Así mismo, comunicar el dolor que sufrí, me dio la oportunidad para poder escribir mi primer libro que se titula, *"Hope for the 22"* (Esperanza para los 22), que me permitió compartir con la audiencia el estrés emocional y espiritual que experimentan los soldados de combate después de retirarse del ejército.

Además, el resultado después de abrirme con otros sobre el dolor, me sirvió para poder conectarme con la gente que a pasado por situaciones o emociones similares. El apóstol Pablo escribe en Romanos 5:3-5, "Y no solo en esto, sino también en nuestros sufrimientos, porque sabemos que el sufrimiento produce perseverancia; la perseverancia, entereza de carácter; la entereza de carácter, esperanza. Y esta esperanza no nos defrauda, porque Dios ha derramado su amor en nuestro corazón por el Espíritu Santo que nos ha dado."[3] En otras palabras, el dolor que ha sufrido una persona no los deja con las manos vacías. Al contrario, produce experiencias positivas, ilimitadas, que influyen en traer esperanza a los demás. Así como Jesús fue fiel durante su tiempo de desesperación. Es por esta razón que expresarse con alguien sobre el dolor que has

---

[3] Romanos 5:3-5 (NVI)

sufrido y cómo fue que pudiste vencerlo es crucial, para así producir esperanza en las vidas de aquellos que escuchen. Finalmente, el dolor tiene un propósito para cada persona en este mundo; les da la oportunidad de ayudar a los demás que han sufrido por circunstancias similares. Sin embargo, solamente con Jesucristo podemos vivir una vida llena de sufrimiento con propósito; el dolor es inevitable, entonces hay que salir y abrazar nuestros dolores, así para poder traerle gloria a Dios.

Sufrir Con Propósito

Capitulo 02

La Raíz del Dolor

Es evidente que el dolor ha sido experimentado por cada persona en el mundo; es universal, y nadie va poder evitarlo, aunque sea dolor físico o emocional. ¿Realmente de dónde viene el sufrimiento? ¿Cuál es la razón que todos en la tierra tienen que sufrir por angustia? La respuesta es simple; el dolor es una de las consecuencias que surge del pecado. Toma nota, el dolor es una consecuencia del pecado y no un castigo de Dios por nuestra desobediencia, algo que tanta gente malinterpreta. Desde el principio de la creación, Dios creó a Adán y a Eva; eran hombre y mujer. Dios les concedió la voluntad propia, para que pudieran decidir libremente lo que querían hacer; ya sea obedecer o desobedecer los mandamientos de Dios. El Todopoderoso no quiere robots que lo alaben, Él quiere que Su creación tome la decisión de alabarlo o no.

Dios les permitió tener el dominio sobre toda la creación, y pudieran comer libremente de cada fruto de todos los árboles, excepto por la fruta prohibida de un árbol; el árbol del conocimiento del bien y del mal. Génesis 2:16-17 declara, "Y ordenó el Señor Dios al hombre, diciendo: De todo árbol del huerto podrás comer, pero del árbol del conocimiento del bien y del mal no comerás, porque el día que de él comas, ciertamente morirás."[4]   En otras palabras, Adán y Eva fueron claramente advertidos de mantener su distancia con la fruta prohibida, de no ser así, tendrían consecuencias terribles. Sin embargo, el hombre y la mujer tomaron la decisión de desobedecer a Dios por haber comido la fruta prohibida del árbol del conocimiento del bien y del mal. Adán y Eva voluntariamente desobedecieron la advertencia de Dios sobre no comer la fruta prohibida, y así el pecado se manifestó en el mundo. Era muy claro que Dios les había

---

[4] Génesis 2:16-17 (LBLA).

advertido de las consecuencias horrendas por la desobediencia, pero Adán y Eva querían ser como Dios al querer conocer sobre bien y mal; vea Génesis 3:4-6. Dios es un Dios ecuánime y tiene que ejecutar el juicio justamente para toda la creación, es por eso que nos guía hacer lo correcto a través del Espíritu Santo y Su Palabra, para no ser completamente ignorantes respecto a Sus mandamientos.

Los padres les dan permiso a sus hijos para divertirse afuera; sin embargo, les advierten del peligro que surgiría mientras juegan en medio de la calle. Es voluntad de los hijos, si quieren obedecer o desobedecer a sus padres; dependiendo de la decisión que tomen, determinará el final positivo o negativo de jugar afuera. Si los niños tomaron la decisión de jugar en la calle y uno de ellos fue atropellado por un auto, el resultado no sería culpa de los padres; al contrario, sería consecuencia por la desobediencia de los niños. Los padres estaban ahí para guiarlos por el camino correcto, para mantenerlos lejos del daño, pero los niños fueron los que desobedecieron a sus padres, entonces, ellos sufrirán los efectos de sus propias acciones. Había consecuencias por nuestra rebelión hacia nuestros padres cuando éramos niños; ¿cuánto más por rebelarnos contra Dios? El dolor es un resultado de los pecados que cometemos y cuando hacemos cosas malas, habrá consecuencias negativas. Pablo el apóstol, escribe en Romanos 5:12, "Por tanto, tal como el pecado entró en el mundo por un hombre, y la muerte por el pecado, así también la muerte se extendió a todos los hombres, porque todos pecaron"[5] En otras palabras, el mundo está lleno de sufrimiento y muerte porque todos han pecado, y el pecado afecta a todos.

Lo interesante de Dios, es que poco después de la rebeldía de Adán y Eva, Dios los tuvo que sacar del Jardín del Edén, pero aún así tomó la decisión de bendecirlos con

---

[5] Romanos 5:12 (LBLA)

la capacidad de tener hijos. Aunque Adán y Eva pecaron en contra Dios, todavía fueron bendecidos por Él para poder crear vida a través de tener relaciones sexuales; sin embargo, esa bendición traerá mucho dolor físico en el nacimiento del bebé; vea Génesis 3:16. Es increíble, como Dios puede usar algo tan horrible que hemos pasado o cometido, y convertirlo en algo hermoso para bendecir a los demás. Las madres tienen que sufrir por un dolor insoportable en el proceso de dar luz, para poder traer una bendición hermosa al mundo. Los bebés son los seres vivos más hermosos del planeta, y la habilidad de tener hijos solo fue posible porque Dios decidió bendecirnos con ese regalo. A veces la gente se pregunta: ¿por qué no puedo vivir la vida sin sentir algún dolor? Esto puede sonar como algo bueno, pero puede ser peligroso vivir una vida sin dolor; ya sea, el dolor físico o emocional. El dolor físico es transmitido en nuestro cerebro a través de neurotransmisores que nos avisan cuando algo peligroso nos está pasando físicamente, y nos permite abandonar lo que estamos haciendo para evitar mas daño. Por eso quitamos la mano cuando nos quema la parrilla, así para no causar mas daño a nuestro cuerpo. Cuando se trata del dolor emocional, es más difícil de convencer a la gente de su importancia; sin embargo, cuando alguien está sufriendo por el dolor emocional, esto significa que realmente les importa lo que está pasando en sus vidas. Por otro lado, cuando alguien se vuelve indiferente hacia el dolor emocional y realmente no le importa lo que le está pasando o no siente nada, se convierte en un estado mental muy peligroso porque se pueden manifestar pensamientos o hasta intentos de suicidio. Esto, por poco, se hace realidad en mi caso, cuando años atrás atravesaba por problemas emocionales graves. Durante el tiempo que contemplaba el suicidio, yo no sentía emociones y no me importaba nada en la vida. Lo que no me daba cuenta en ese tiempo, es que me convertí en alguien tan imprudente y egoísta, que no me importaba lo que le iba a pasar a mi esposa, familia, y amigos si me quitaba la vida. El dolor emocional nos avisa cuando hay algo mal, y nos anima a buscar los pasos necesarios para resolver el problema. Uno de los pasos mas importantes es buscar de Dios y pedirle que nos guíe, además de buscar ayuda profesional inmediatamente.

Lo que trato de decir es que, aunque algunos crean que nuestros cuerpos estarían mejor si no experimentaran cierta emoción, o si tuvieran cierta habilidad, lo cierto es que Dios formó nuestros cuerpos perfectamente; Dios sabe lo que hace. Además, es evidente que el dolor sirve para un propósito en nuestras vidas; el dolor físico está ahí para avisarnos de los peligros que nos pueden causar daño, mientras el dolor emocional está presente para recordarnos que no somos robots, y que realmente nos importa lo que pasa en nuestras vidas y la de los demás. Génesis 2:18 dice, "Luego Dios el Señor dijo: No es bueno que el hombre esté solo. Voy a hacerle una ayuda adecuada"[6].

Dios creó a Eva para ayudarle a Adán porque Él sabía que no era bueno para el hombre estar solo; así mismo, Dios creó a otras personas a través de Adán y Eva, para que nadie estuviera aislado. Eclesiastés 4:9-11 declara, "Es mejor ser dos que uno, porque ambos pueden ayudarse mutuamente a lograr el éxito. Si uno cae, el otro puede darle la mano y ayudarle; pero el que cae y está solo, ese sí que está en problemas. Del mismo modo, si dos personas se recuestan juntas, pueden brindarse calor mutuamente; pero ¿cómo hace uno solo para entrar en calor?"[7] Entonces, Dios sabe que hay gente en el mundo que ha sufrido por circunstancias similares, y Él no quiere que nos sentimos abandonados.

Satanás, por otro lado, quiere que la gente crea que Dios es el culpable por nuestras dificultades, para que la gente se rebele contra Dios. El diablo sabe que, si la gente se rebela hacia Dios, él va poder mantenerlos sufriendo

---

[6] Génesis 2:18 (NVI)
[7] Eclesiastés 4:9-11 (NTV)

solos en la oscuridad. Satanás tratará de convencer a la gente que realmente no tienen propósito en la vida, que, sin duda, puede ocasionar ansiedad, depresión, o posiblemente pensamientos de suicidio. Por eso es importante no permanecer solo durante los tiempos difíciles porque siempre vamos a necesitar el apoyo de algún ser querido, y más importante, de Dios. Como lo había mencionado en el capítulo anterior, el dolor no nos deja con las manos vacías. El dolor produce propósito en nuestras vidas, depende de nosotros si queremos utilizar lo que hemos pasado para poder darle la mano aquellos que están angustiados por el tormento que están pasando; así es como uno puede sufrir con propósito en la vida.

Sufrir Con Propósito

Consejos Para Expresar el Dolor

1. Reconocer que estás sufriendo; evitar aguantarse el dolor y reprimir la angustia dentro de ti.

2. Confesar el dolor a Dios y pedirle que intervenga en tu situación para proveer la paz en medio de tu angustia.

3. Expresar la agonía con un alguien de confianza, para poder sacar la angustia a la luz y así, el dolor no te consumirá en la oscuridad.

4. Busca el apoyo de un pastor o psicólogo de confianza, que te pueda asistir profundamente en superar el dolor.

Sufrir Con Propósito

Capitulo 03

Cómo Superar la Culpa y la Vergüenza

La culpa y la vergüenza son subproductos del pecado, todos han experimentado la culpa y la vergüenza en algún punto de sus vidas. Ya sea, por algo simple como cuando un niño les miente a sus padres por la maceta que se había roto en la sala, o algo tan horrible como tener un aborto; los dos resultarán con algún sentimiento de culpa y finalmente, vergüenza. Estos dos ejemplos de culpa y vergüenza tienen una cosa en común; las dos cosas son pecado, lo cual significa que habrá resultados negativos por sus acciones. En uno de sus videos de, *"Conquer Series"*, el Dr. Ted Roberts menciona, "La vergüenza es diferente a la culpa. La culpa es cuando uno dice "hice algo mal". La vergüenza dice "hay algo mal en mi"[8] Para el niño que les mintió a sus padres, puede que se sienta culpable, pero para

---

[8] Ted, Roberts, *"Conquer Series: The Battle Plan for Purity"*, Stuart, FL. KingdomWorks Studios, 2017.

la madre que tomó la decisión de abortar a su hijo, sentirá culpa que finalmente se convertirá en vergüenza. Pueda que se vea más grave el pecado de la madre que tuvo el aborto comparado al niño que les mintió a sus padres, pero Dios no ve el pecado así; a través de los ojos de Dios, cada pecador es igual de culpable. Si alguien está sufriendo vergüenza por algo que ha cometido en su pasado; no importa que tan grave fue, lo crucial es que se perdonen a ellos mismos y pidan perdón. El apóstol Pablo escribe en Romanos, "Por cuanto todos pecaron y no alcanzan la gloria de Dios"[9]; esto significa que todos son culpables del pecado y nadie puede estar en la presencia de Dios, por su pecado.

Todos somos culpables del pecado, no importa que tan buenos nos sintamos, no hay ninguna cosa que podamos hacer para poder llegar al Cielo, y todos merecemos ir al Infierno por nuestros pecados. Sin embargo, El

---

[9] Romanos 3:23 (LBLA)

Todopoderoso proporcionó una solución para nuestros pecados; eso es, a través del sacrificio que Jesús hizo en la cruz hace más de 2,000 años. Mucha gente cree que hay varias maneras de llegar al Cielo; sin embargo, si eso fuera el caso, Dios El Padre jamás hubiera dejado que Su Hijo, Jesús, sufriera y muriera una muerte tan horrible por nuestros pecados. Así mismo, Jesús es el único en la historia que ha declarado que Él es la Verdad, el Camino, y la Vida (lee Juan 14:6); además, el cuerpo de Jesús nunca fue encontrado porque Él resucitó de la muerte. El apóstol Juan escribe:

"Porque de tal manera amó Dios al mundo, que dio a su Hijo unigénito, para que todo aquel que cree en Él, no se pierda, mas tenga vida eterna. Porque Dios no envió a su Hijo al mundo para juzgar al mundo, sino para que el mundo sea salvo por Él. El que cree en Él no es condenado; pero el que no cree, ya ha sido condenado, porque no ha creído en el nombre del unigénito Hijo de Dios."[10]

Dios nos da la libertad a todos para decidir qué queremos hacer en la vida. Él jamás va forzar a alguien a hacer algo

---

[10] Juan 3:16-18 (LBLA)

porque Dios es un caballero. Dios no quiere robots alabándolo, Él quiere que Su creación lo elija a Él voluntariamente. Lo increíble de Dios es que es tan misericordioso hacia todos, que mandó a Su Hijo a la tierra para ser torturado y asesinado en nuestro lugar, cuando Dios fácilmente pudiera haber destruido a toda la humanidad.

En muchos casos, la gente se le hace difícil reconocer cuándo están mal, especialmente cuando se trata de admitir el pecado que han cometido; no importa si creen o no en el pecado, por eso tomar el primer paso en humillarse ante Dios es importante. Desafortunadamente, la sociedad hace todo lo posible para justificar tantos pecados como: tener varias relaciones sexuales, la borrachera, el aborto, la homosexualidad, orgullo por el color de piel, o el amor hacia el dinero. Respecto al aborto, es realmente repugnante ver tanta gente engañada por creer que los bebés no nacidos sean solamente pedazos de tejidos creciendo dentro del vientre, y que no sean considerados seres vivos. Joanne Stone y Keith Eddleman comentan, "a las tres semanas el sistema nervioso central se empieza a desarrollar, y el cerebro de tu bebé y su médula espinal se empieza a formar."[11] A través de mis estudios, he aprendido que la función del sistema nervioso central es para transmitir información hacia el cerebro cuando hay dolor presente en el cuerpo usando neurotransmisores. ¿Qué es lo que significa esto? Esto significa que los bebés que no han nacido, sienten todo el dolor cuando los están cortando en pedazos en las clínicas de abortos. Los doctores que realizan abortos (asesinatos) utilizarán frases como: embrión, fetos, o tejido para tratar de desensibilizar a la madre asustada, para convencerla que ella está haciendo lo "mejor" para su futuro. Desgraciadamente, hay demasiadas madres que han sido engañadas en creer que

---

[11] Joanne, Stone, Keith, Eddleman, *"The Pregnancy Bible: Your Complete Guide to Pregnancy and Early Parenthood"*, Buffalo, NY. Firefly Books Ltd., 2003, 31.

sus hijos simplemente eran unos pedazos de tejidos creciendo dentro de sus vientres; por lo tanto, tomaron la decisión de abortar a sus pequeños. Sin embargo, hay esperanza para los millones de bebés que han sido abortados, ya sea que sus padres se hayan arrepentido o no de sus pecados. Dios habló a través del profeta Isaías, "¿Se olvida una mujer de su criatura, deja de amar al hijo de sus entrañas? Pues, aunque una madre se olvidara, yo jamás me olvidaré."[12] Lo que Dios está diciendo en este verso es, aunque habrá personas que no tengan compasión hacia sus propios hijos, Dios siempre expresará su amor hacia ellos, y siempre habrá un lugar especial para esos niños.

Entiendo que quizás algunos leyendo este libro han tomado la decisión de abortar en el pasado, pero solo quiero recordarles que muchos de nosotros hemos estado engañados en algún punto de nuestras vidas, y eso es lo que hace Satanás con todos. Por ejemplo, antes de arrepentirme

---

[12] Isaías 49:15 (BLPH)

de mis pecados y aceptar a Jesús como mi Salvador, fui engañado en creer las mentiras del aborto, y como lo veía como una opción conveniente para los que querían seguir teniendo relaciones sexuales. Sin embargo, ahora que conozco la verdad sobre lo terrible que es el aborto, que mas bien se trata de un asesinato; puedo ayudarle a los demás para ver que tan malvados son los activistas del "pro-aborto" o "anti-vida". Vivimos en un mundo quebrantado donde todos cometimos pecado, lo cual nos lleva a experimentar dolor y la muerte en algún punto en nuestras vidas. El plan de Satanás es mantener a las personas viviendo en la oscuridad porque ahí es en donde el tiene dominio sobre ellos, por eso hace todo lo posible para engañar y empujar a la gente a vivir en soledad y de manera imprudente. Satanás quiere arrastrar a toda la gente posible para al Infierno, pero eso no es lo que Dios quiere para ti. Susan Chapman Brown escribe, "Dios desea bendecir a Su gente. Él coloca un valor de primera calidad en Su relación con nosotros. Él valora nuestra relación más que nuestros servicios. Él desea traernos a ese lugar privado y convertir nuestros problemas en una puerta de esperanza y expectativa."[13]; es decir, que Dios está preparando algo maravilloso para ti. Dios no está esperando a que cometas pecado para castigarte; al contrario, Él está deseando que tomes la decisión de arrepentirte de tus pecados y pedirle a Jesús que sea tu Salvador, para así estar en el Paraíso con Él por la eternidad. Pedro, el apóstol dice, "El Señor no tarda en cumplir su promesa, según entienden algunos como tardanza. Más bien, Él tiene paciencia con ustedes, porque no quiere que nadie perezca, sino que todos se arrepientan."[14], esto se refiere a la promesa de Jesucristo regresando para finalmente destruir toda la maldad del planeta; los que no se han arrepentido de sus pecados estarán entre aquellos quemándose en el Infierno. Aunque

---

[13] Susan Chapman, Brown, *"Of God and Genders: The Bride of Christ: A Portrait of the Men and Women of the Church"*, Bloomington, IN. WestBow Press, 2016, 34.
[14] 2 Pedro 3:9 (NVI)

mucha gente desea seguir viviendo en sus pecados, Dios les concede numerosas oportunidades para que se puedan arrepentir. Sin embargo, no es sabio continuar rechazando a Dios porque nadie sabe el día de su muerte, y morir sin arrepentirse dará como resultado la condenación eterna en el Infierno.

Es crucial superar la vergüenza en la vida de aquellos que se han arrepentido de sus pecados y aceptado a Jesucristo como su Salvador. Saber la diferencia entre la culpa y la vergüenza es importante; porque la gente se dará cuenta que la culpa tiene que ver con sentirse mal por algo que habían hecho, y la vergüenza, por otro lado, ocasiona que la gente se identifique con el pecado que han cometido. Hay una gran diferencia entre los dos, la culpa viene de la conciencia que nos proporcionó Dios porque Él nos avisa cuando estamos haciendo algo mal, y la vergüenza viene del diablo porque nos engaña a percibirnos como: sucios, asquerosos, horribles, inútiles, hipócritas, o sin valor.

Satanás hará todo lo posible para enredar a los Cristianos en la vergüenza de sus pecados, porque él sabe que si continúa engañándolos con las mentiras, ellos jamás podrán cumplir el plan hermoso que tiene Dios para sus vidas. Dios nos prepara y nos guía a través de Su Palabra, que es la Biblia, para así no ser engañados por las mentiras del mundo. El libro de Proverbios declara, "El que encubre sus pecados no prospera, mas el que los confiesa y los abandona hallará misericordia."[15]; Dios no quiere que ocultemos nuestros pecados, Él quiere que nos confesamos el uno al otro.

Los Cristianos deberían sacar sus pecados de la oscuridad hacia la luz porque el diablo tiene dominio sobre la oscuridad, pero no tiene dominio sobre la luz. A veces Dios no nos ayuda con ciertos problemas que estamos pasando, si no estamos dispuestos a traer nuestros pecados a la luz, porque Dios se mueve en la luz. Por ejemplo,

---

[15] Proverbios 28:13 (LBLA)

cuando en el pasado estuve luchando contra la adicción a la pornografía, hacía todo lo posible para ocultarlo porque yo tenía vergüenza de mí mismo. Estuve creyendo todas las mentiras con las que el diablo me atormentaban a diario, por lo tanto, me impedía liberarme de las cadenas de esclavitud. Sin embargo, en cuanto empecé a confesar mis pecados a mi esposa y otros creyentes, Dios empezó hacer cambios drásticos en mi vida. Dejé de creer las mentiras del diablo que me torturaban a diario, y ahí fue cuándo finalmente se destrozaron las cadenas de la pornografía. Asimismo, poco después de liberarme de esa adicción, pude escribir y publicar mi primer libro que se llama, "Hope for the 22" (Esperanza para los 22). Lo cual ha sido uno de los momentos más emocionantes de mi vida, porque nunca me había gustado leer ni escribir; sin embargo, Dios me dio la habilidad para poder escribir un libro. A través del libro, pude hablarles a varios veteranos del ejército que estaban sufriendo por problemas matrimoniales, ansiedad, depresión, y pensamientos de suicidio. Uno de ellos hasta tomó la decisión de aceptar a Jesús en su vida. Si no hubiera confesado mi adicción hacia la pornografía a mi esposa y a otros creyentes, seguiría siento un esclavo de mi pecado y hubiera destruido mi matrimonio, ya que pasaba mintiendo. El pastor Larry Titus expresa, "Aquellos que son realmente exitosos en liberarse de la adicción sexual toman la decisión de dejar sus vidas secretas, para exponer sus pecados, y para abarcar la transparencia, responsabilidad, y la vulnerabilidad. Ellos se preparan y con valor revelan cualquier cosa que han estado ocultando"[16]; por eso deberíamos ser completamente transparentes con nuestras esposas porque así podemos liberarnos de las cadenas, y al mismo tiempo ganarnos su confianza. De no haber sido así, nunca hubiera escrito un libro, pues sentía que mi cerebro estaba apagado, no podía pensar en nada más, que en la basura que me pudría la mente, el cuerpo, y

---

[16] Larry, Titus, "The Teleios Man: Your Ultimate Identity", Oviedo, FL. HigherLife Development Services, Inc., 2010, 44.

el alma. Es más, la vergüenza que experimentaba me hubiera impedido de predicarles el Evangelio a los veteranos heridos, por no sentirme digno. Por lo tanto, la importancia de superar la vergüenza es crucial para el creyente porque le ayudará a hacer la voluntad de Dios en su vida. Hay que acordarnos de lo que dice el apóstol Pablo en Romanos, "Por tanto, ahora no hay condenación para los que están en Cristo Jesús, los que no andan conforme a la carne sino conforme al Espíritu."[17], esto significa que no hay vergüenza para aquellos que han aceptado a Jesucristo y han dedicado todos los días de sus vidas a Él.

---

[17] Romanos 8:1 (NBLA)

Sufrir Con Propósito

Consejos Para Superar la Vergüenza

1. Reconocer que has pecado y que necesitas ayuda para liberarte de los problemas.

2. Arrepentirse honestamente y pedirle perdón a Dios, y leer la Biblia para evitar la decepción.

3. En el caso de matrimonios, confesar el pecado a tu pareja, y comunicarles que necesitas ayuda para superar alguna adicción.

4. Confesar el pecado con un compañero de confianza, y a un psicólogo Cristiano que sea entrenado.

5. Creer en lo que Dios ve en ti, y no lo que ve el diablo; como Cristianos, a través de la sangre de Jesucristo hemos sido limpiados, y no hay vergüenza. (ve Romanos 8:1).

Sufrir Con Propósito

Capitulo 04

Buscando a Dios: A Pesar De Malos Encuentros Con Creyentes

Entiendo que debido a las malas experiencias con personas que van a la iglesia, las gente se niega a ir a la misma, sin embargo, los seres humanos somos defectuosos y siempre vamos a cometer errores. Es más, no todos los que dicen ser Cristianos son verdaderamente creyentes de Jesucristo. Muchas veces, son personas religiosas que no entienden el verdadero Evangelio. No dejes que los malos encuentros con algunos Cristianos inmaduros te impidan construir relaciones maravillosas con la familia de Dios, porque será una bendición enorme en tu vida. Es obvio que hay bastantes creyentes que son un poco duros cuando predican el Evangelio, pero eso pasa cuando hablan con la verdad; muchas veces la verdad es dolorosa, especialmente si no viene acompañado con gracia. Un ejemplo de usar la verdad y no la gracia es cuando los Cristianos gritan, "te vas a quemar en el Infierno" a la gente que va entrando a las clínicas de aborto para descuartizar a sus bebés. Aunque sea verdad si no se arrepienten, hay otras maneras de enseñarles que el aborto es malo. Por ejemplo, hubo una ocasión en donde estuve sentado en la cafetería de un colegio, y observé como una adolescente expresaba en voz alta que prefería tener abortos, en vez de estar como las madres que tienen varios niños corriendo por la casa. En cuanto escuché su pensamiento, sentí coraje y busqué unos videos de abortos en mi celular para que ella los viera, sin embargo, Dios me estaba tranquilizando para evitar reaccionar a través de mis emociones, así que empecé a orar y pedirle al Espíritu Santo que me calmara y me diera la oportunidad de hablarle a la joven. Lo increíble es que poco después de orar, la adolescente le dijo a su amiga que a ella le gustaría conversar con alguien que vivio en la calle, pues lo considera una manera única de experimentar la vida. Esto me dio la oportunidad de entrar en la conversación, ya que en el pasado tuve la experiencia de vivir en la calle por un tiempo. Dios me abrió la puerta para poder hablarle a la joven y así compartir mi testimonio con ella. La adolecente estaba en lágrimas, y no era por enseñarle los videos del aborto, sino por compartirle la manera en como Dios obró en mi vida llenándome de amor. Cuando uno predica el Evangelio con pura verdad y nada de gracia, es muy doloroso e ineficaz; por otro lado, si el Evangelio es presentado con pura gracia y nada de verdad, es totalmente inútil. Por eso los Cristianos deben de predicar el Evangelio con verdad y con gracia, para así alcanzar a los que están perdidos y necesitan de Jesús.

Hay demasiados pastores "Cristianos" diciendo que está bien tener abortos y que la comunidad homosexual puede continuar en sus pecados, pero es completamente lo contrario a lo que dice Dios en Su Palabra; uno debe de arrepentirse de corazón y someterse a Dios. Deberíamos evitar de justificar nuestros pecados y el de los demás; especialmente, si el pecado se le está animando en los niños. Para aquellos que intencionalmente animan a los niños a pecar en contra Dios, les sugiero que toman en cuenta las palabras de Jesús, "Pero, si alguien hace pecar a uno de estos pequeños que creen en mí, más le valdría que le colgaran al cuello una gran piedra de molino y lo hundieran en lo profundo del mar."[18] No entiendo como alguien puede decir que se arrepintieron y aceptaron a Jesucristo, cuando continúan viviendo en el pecado, por el cual Jesús tuvo que sufrir y morir. El apóstol Pablo escribe, "¿Qué diremos, entonces? ¿Continuaremos en pecado para que la gracia abunde? ¡De ningún modo! Nosotros, que hemos muerto al pecado, ¿cómo viviremos aún en él?"[19] Cuando uno le está presentando el Evangelio a la gente, debería ser con gracia y verdad. Siguiendo ese orden será mas práctico tocar los corazones de quienes

---

[18] Mateo 18:6 (NVI)
[19] Romanos 6:1-2 (LBLA)

54

escuchan. La gente está mas dispuesta a escuchar a alguien cuando se les habla con amor, en primer lugar, y luego con la verdad. Así que, en vez de condenar a los que están espiritualmente cegados, el Cristiano debería usar otras maneras para alcanzar a la gente en donde incluya el amor, para después informarles de las consecuencias de nuestros pecados; el cual es el sufrimiento eterno en el Infierno, a menos que se arrepientan y pidan perdón a Jesucristo. Como Cristiano, la manera más efectiva para alcanzar a alguien con el Evangelio es dejándoles saber que Dios nos ama, pero no ama el pecado que cometemos; por lo cual, deberíamos abandonar el pecado de nuestro presente o pasado. Así como se había mencionado antes, "Porque Dios no envió a su Hijo al mundo para juzgar al mundo, sino para que el mundo sea salvo por Él" (lee Juan 3:16-18). Jesús es el mejor ejemplo de hablar con gracia y verdad porque Él les hablaba a los pecadores con amor, ante todo, para luego decirles que cambien sus vidas para

Dios, y abandonen el pecado. Por ejemplo, Juan el apóstol escribe:

"Los escribas y los fariseos trajeron a una mujer sorprendida en adulterio, y poniéndola en medio, le dijeron: Maestro, esta mujer ha sido sorprendida en el acto mismo del adulterio. Y en la ley, Moisés nos ordenó apedrear a esta clase de mujeres; ¿tú, pues, ¿qué dices? Decían esto, probándole, para tener de qué acusarle. Pero Jesús se inclinó y con el dedo escribía en la tierra. Pero como insistían en preguntarle, Jesús se enderezó y les dijo: El que de vosotros esté sin pecado, sea el primero en tirarle una piedra. E inclinándose de nuevo, escribía en la tierra. Pero al oír ellos esto, se fueron retirando uno a uno comenzando por los de mayor edad, y dejaron solo a Jesús y a la mujer que estaba en medio. Enderezándose Jesús, le dijo: Mujer, ¿dónde están ellos? ¿Ninguno te ha condenado? Y ella respondió: Ninguno, Señor. Entonces Jesús le dijo: Yo tampoco te condeno. Vete; desde ahora no peques más."[20]

Toma nota, Jesús no condena a la mujer adúltera, pero sí le ordena que deje su vida pecadora. Es igual para el Cristiano que comparte el Evangelio de Jesús, debería hablar a los perdidos con amor principalmente, y luego advertirles en abandonar sus pecados. Sin embargo, el Evangelio no debería ser predicado con miedo a ofender a los que no creen; sino se debe de presentar con firmeza y

---

[20] Juan 8:3-11 (LBLA)

56

verdad. Sin duda alguna, habrá oposición por parte de los Ateos y Satánicos que buscan sacar a Dios de la sociedad, pero los Cristianos somos llamados en ser firmes e inmovibles en nuestra fe. Cada vez que le de vergüenza compartir el Evangelio a un creyente, debería acordarse de lo que dice Jesús en la epístola del apóstol Mateo, "A cualquiera que me reconozca delante de los demás, yo también lo reconoceré delante de mi Padre que está en el cielo. Pero a cualquiera que me desconozca delante de los demás, yo también lo desconoceré delante de mi Padre que está en el cielo."[21] Este verso en la Biblia ha sido de gran ayuda en mi caminar con El Señor, porque antes tenía miedo de compartir el Evangelio con otros, porque no quería herir sus sentimientos, pero ahora me preocupa más la salvación de la gente que sus emociones.

Muchos Cristianos que coinciden con esta manera de predicar el evangelio, los lleva a ser rigurosos, pues

---

[21] Mateo 10:32-33 (NVI)

están más enfocados en llevar el mensaje de salvación que en las opiniones de los demás. Esto es porque, su deseo más grande es que acepten a Jesús como su Señor y Salvador, para que así no tengan que quemarse en el Infierno por la eternidad. Cuando un Cristiano habla sobre su testimonio de cómo fue salvo y cómo fue que aceptó a Jesucristo en su vida, la gente debería estar lista para escuchar y lenta para opinar, ya que así podrán entender realmente porque el creyente es tan apasionado por predicar el Evangelio. Así mismo, les dará la oportunidad aquellos que escucharon, de tener otra perspectiva de porque los Cristianos son tan persistentes en compartir sus historias de cuando aceptaron a Jesús en sus corazones. El deseo fundamental para el cristiano fiel, es llevarles el mensaje de la salvación a los que no creen, para que puedan experimentar la verdadera felicidad al aceptar a Jesucristo en sus vidas.

Entonces ¿por qué alguien se ofende cuando escucha la buena noticia de Jesús? El creyente solamente esta expresando la auténtica felicidad que ha experimentado despúes de haberse arrepentido de sus pecados y de haber aceptado a Jesús en su vida. Aquellos que se enojan o se ofenden cuando escuchan la verdad, es porque seguramente están viviendo una vida llena de pecado, y no les gusta cuando alguien les corrige. Así mismo, mucha gente está orgullosa de sus pecados, y quieren continuar sus vidas sin ninguna crítica. Como cristianos, somos llamados para ser la luz del mundo que toca los corazones de la humanidad con la Palabra de Dios, es por eso que el mundo nos odia porque odia la verdad. Juan escribió sobre lo que dijo Jesús, "Si el mundo los odia a ustedes, sepan que primero me odió a mí. Si pertenecieran al mundo, el mundo los amaría como cosa propia. Pero como no pertenecen al mundo, sino que yo los elegí y los saqué de él, por eso el mundo los odia."[22] En otras palabras, cuando los elegidos vivan verdaderamente para el Rey, no serán amados por las personas que se orgullecen de su pecado porque les harán ver los pecados que se están cometiendo para así animarlos al arrepentimiento. Por otro lado, tener expectativas puede ser destructivo en nuestras vidas porque cuando las expectativas no son realizadas, nos enojamos con nosotros mismos y con los demás; y esto nos puede llevar a la perdición. Esto casi sucede en la vida de Naamán, el capitán del ejército del rey de Aram. El profeta Jeremías escribe, "Y Eliseo le envió un mensajero, diciendo: Ve y lávate en el Jordán siete veces, y tu carne se te restaurará, y quedarás limpio. Pero Naamán se enojó, y se iba diciendo: He aquí, yo pensé: Seguramente él vendrá a mi, y se detendrá e invocará el nombre del Señor su Dios, moverá su mano sobre la parte enferma y curará la lepra[...]"[23] Naamán casi se perdió la oportunidad de ser sanado por las expectativas que tenía hacia el profeta

---

[22] Juan 15:18-19 (BLPH)
[23] 2 Reyes 5:10-11 (LBLA)

Eliseo. Sin embargo, los siervos de Naamán le ayudaron a entender que el profeta Eliseo le pidió hacer algo simple, entonces se humilló e hizo lo que le había pedido Eliseo y fue sanado. Las emociones que estaba sintiendo Naamán son similares a los que no creen cuando los creyentes les hablan del Evangelio, y les piden que se arrepientan de sus pecados; ya que esperan vivir sus vidas como quieran. A pesar de todo, Dios nos manda a arrepentirnos sinceramente y someternos completamente hacia Él, para poder recibir la promesa de salvación a través de nuestra fe en Jesucristo.

Para poder entender por qué es tan apasionado el cristiano al predicar el Evangelio hacia los que no creen, uno debería preguntarse: ¿quién es esta persona y qué ha pasado? o ¿cuál es el propósito para que esta persona sea tan persistente en hablarles a la gente de Jesús y del arrepentimiento? Cuando uno se toma el tiempo para escuchar al creyente atentamente, se dará cuenta porque el cristiano habla tan seriamente; el que no cree se dará cuenta que el cristiano tuvo una vida terrible antes de tomar la decisión de arrepentirse y aceptar a Jesucristo como su Salvador. Además, se dará cuenta de lo que realmente está en riesgo, que es el final eterno después de la muerte; ya sea el Cielo o el Infierno. Una vez que el que no cree entiende que su final eterno depende de una decisión, comprenderá porque los creyentes, en algunas ocasiones son muy fastidiosos. También entenderán que los cristianos solamente están haciendo todo lo posible para salvar a la gente del sufrimiento eterno en el Infierno. Por eso no deberíamos dejar que nuestros encuentros malos con los creyentes impidan que busquemos a Dios; nuestras almas realmente dependen de ello.

Lino & Esmeralda Camacho

Consejos Cuando Buscan a Dios

1. Reconoce que eres pecador y que necesitas la ayuda de Dios.

2. De corazón busca a Dios y encuentra una iglesia que declare la verdad de la Biblia, y no una que se conforma al mundo.

3. Estar dispuesto a rechazar cualquier prejuicio negativo que tienes hacia la iglesia/creyentes y Dios.

4. Estar listo para rechazar los hábitos de antes: cosas impuras.

5. Orar, pedirle a Dios y al Espíritu Santo que te guíe antes de leer la Biblia.

Lino & Esmeralda Camacho

Capitulo 05

Los Peligros de las Expectativas

Como se había mencionado en el capítulo anterior, las expectativas pueden ser perjudiciales en la vida, especialmente si las expectativas son irrealistas o ingenuas. No hay nada mal con las expectativas positivas, mientras sean sensatas y bajo la voluntad de Dios. Algunos ejemplos de expectativas positivas son: un niño esperando que sus padres le den de comer, una adolescente esperando buena calificación en su examen por haber estudiado arduamente, o la pareja casada que van a tener un bebé y esperan que el bebé esté sano. Todos estos son ejemplos de expectativas positivas; sin embargo, algo inesperado podría alterar las emociones y pensamientos de cada uno de ellos. Por ejemplo, el niño que insistía en obtener comida de sus padres lo recibe, pero no en la cantidad deseada, entonces comienza hacer un berrinche. En segundo lugar, la adolescente que esperaba una buena calificación en su examen, recibe un grado más bajo de lo que esperaba, y ahora está furiosa con el profesor. Finalmente, la pareja casada que esperan un bebé, acaba de sufrir la terriblemente muerte de su hijo(a). Desafortunadamente, los padres que perdieron a su hijo tuvieron la idea ingenua de que nada malo le pasaría a su bebé, porque confiaban en Dios. Esto les ocasionó que se resintieran contra Dios pues las expectativas que tenían hacia Él no se cumplieron.

En otras palabras, tener expectativas irrealistas o egoístas puede resultar en enojo, amargura, y falta de perdón, los cuales destruyen la vida de las personas. En el caso de los padres que perdieron a su bebé, comenzaron a llenarse de estos sentimientos, culpaban a Dios porque sus expectativas no se cumplieron. Ellos sentían enojo con Dios pues esperaban que todo saliera como ellos deseaban; especialmente, porque la pareja eran siervos fieles y buscaban de Él a diario. El resentimiento que tenían contra

Dios era grande que hasta los llevo a sentir envidia hacia la gente que tenían bebés. Sus corazones se empezaron a endurecer por las ideas egoístas; sin embargo, ambos se dieron cuenta de lo que estaban sintiendo, así que tomaron la decisión de arrepentirse y pedirle a Dios que los guiara y llenara de paz.

De vez en cuando, la pareja se ponía a pensar sobre lo que les había pasado y regresaban aquellos sentimientos de enojo hacia ellos mismos y hacia Dios. Pero, un verso de la Biblia les ayudó a percibir su pérdida de en una manera positiva; el profeta Isaías escribe, "La gente buena se muere; muchas veces, los justos mueren antes de que llegue su hora. Pero a nadie parece importarle el por qué; tampoco se lo preguntan a sí mismos. Parece que nadie entiende que Dios los está protegiendo del mal que vendrá. Pues los que andan por el camino de la justicia descansarán en paz cuando mueran."[24]   En otras palabras, Dios les

---

[24] Isaías 57:1-2 (NTV)

recordó que los inocentes se escaparán de la maldad que vendrá y descansarán en paz cuando mueran. Aunque leían la Biblia para calmar el dolor, las expectativas que tenían para Dios volvían aparecer, y entonces, regresaba el enojo cada vez que se preguntaban por qué tenía que morir su pequeño. Cuando alguno de los esposos comenzaba a experimentar enojo o tristeza, se daba la oportunidad para apoyarse mutuamente para así recordar y afirmar las promesas de Dios en medio de sus angustias. Por otro lado, también les afectaba pensar en todos los planes que hicieron antes de la llegada del bebé, por ejemplo, esperar algunos años para terminar sus carreras y así estar preparados para cuando llegara el momento de formar una familia. Sin embargo, al sufrir la perdida de su bebé, sintieron como si Dios no estuviera satisfecho con sus planes, así que después de esto, ellos decidieron no planear más en sus vidas. Esta pareja quebrantada, a veces se preguntaban si Dios estaba molesto con ellos debido a todas las cosas que habían sufrido en la vida. De vez en cuando la pareja se enfocaba en sus expectativas e ideas egoístas, llevándolos por el camino que empezó a alejar sus corazones del propósito que Dios les tenía preparado. Perder a su bebé era totalmente lo contrario a sus expectativas; sin embargo, la muerte de su bebé era parte del plan perfecto que tenía Dios para sus vidas, y se iba usar para traerle la gloria a Dios. Aunque los padres no lo podían percibir en ese momento, Dios estaba preparando sus vidas para traer la paz de Jesús a los que han sufrido lo mismo.

Cuando nuestras expectativas no se están cumpliendo, hay que acordarnos de lo que dice el libro de Proverbios, "Confía en el Señor con todo tu corazón, y no te apoyes en tu propio entendimiento. Reconócele en todos tus caminos, y Él enderezará tus sendas."[25] Dios nos recuerda que debemos confiar en Él porque al final tiene un

---

[25] Proverbios 3:5-6 (LBLA)

plan maravilloso para nosotros. El Rey de reyes nos está preparando para llevar salvación y propósito en la vida de la gente que está sufriendo. Cuando no se están cumpliendo tus expectativas, trata de meditar en lo que dice el apóstol Pablo, "Y estoy seguro de que Dios, quien comenzó la buena obra en ustedes, la continuará hasta que quede completamente terminada en el día que Cristo Jesús vuelva."[26] Deberíamos de evitar abrumarnos con las expectativas egoístas que tenemos hacia Dios, porque Él va cumplir Su propósito en nuestras vidas de alguna manera.

---

[26] Filipenses 1:6 (NTV)

Sufrir Con Propósito

Consejos Cuando No Se Cumplen Las Expectativas

1. Asegurarse que las expectativas sean para bien y realistas.

2. Evitar suposiciones ingenuas y engañosas.

3. Entender que las expectativas personales no siempre se van alinear con el propósito que Dios tiene para nosotros.

4. Acordarnos que el propósito de Dios en nuestras vidas es más significante que nuestras expectativas.

Sufrir Con Propósito

Capitulo 06

La Tragedia Del Día De Las Madres

Esmeralda:

Mi esposo Lino y yo siempre hemos conversado sobre tener hijos, ha sido, y continúa siendo nuestro mayor deseo en el matrimonio. Sin embargo, decidimos poner nuestro mayor deseo a un lado, para poder tener una carrera que nos ayudara a proveer para nuestra familia. Aunque la familia seguía presionándome por tener hijos, yo sabía que todavía no era el tiempo correcto. Hacían comentarios inapropiados como: "vas estar muy vieja para poder jugar con tus hijos" o "no deberías de esperar para tener hijos porque puede ser peligroso" etc. Aún cuando la gente nos presionaba para tener hijos, dedicamos nuestro tiempo para estudiar y disfrutarnos como pareja.

A lo largo de mis estudios, como estudiante de terapia ocupacional, aprendí que los primeros cinco años de un niño son los mas cruciales para su desarrollo. Por lo cual, antes de formar una familia, mi esposo y yo decidimos terminar nuestras carreras, para poder enfocarnos en nuestros estudios, así, al terminar podríamos compartir el mayor tiempo posible con nuestros hijos. Estuve tan enfocada en mis estudios que el tiempo para hacer otras cosas era escaso; era una experiencia muy agotadora. Sin embargo, los resultados después de tanto esfuerzo por terminar esta carrera valieron la pena. ¡Ahora si! Ya estaba lista para comenzar el siguiente episodio de mi vida, que es formar una familia. Mi esposo aún estaba estudiando, pero también se sentía listo para comenzar a tratar; así que en medio de la pandemia de corona virus durante el 2020, comenzamos a ver mucho "Netflix".

El 5 de abril del 2020, Lino y yo fuimos a una tienda para recoger una prueba de embarazo porque tenia un retraso. En cuanto llegamos a la casa, entre al baño para hacerme la prueba, mientras tanto mi esposo esperaba en la sala en suspenso. Por fin llegó el momento, estuve tan emocionada por tener vida creciendo en mi vientre que no dejaba de pensar en como iba ser nuestras vidas con un bebé. Después de siete años de casados, por fin decidimos empezar una familia; fue una larga espera para nosotros. Tenía todo planeado para cuando llegara el momento de tener hijos; yo quería tener mi primer bebé antes de cumplir 30, y viajar a Europa embarazada como nuestro regalo de graduación. Parecía que yo tenía todo bajo control y avanzando como lo había planeado. Sin embargo, no pasó mucho tiempo antes de darme cuenta que mucha gente comete el mismo error que yo, que es asegurar que todo está bajo control propio.

Yo tenía seis semanas de embarazo cuando tomé la decisión de avisarle a nuestra familia y amigos de la buena noticia. Poco después de informarle a la familia, empecé a ir a mis citas prenatales para asegurarme que todo iba bien. El Covid todavía estaba en auge, entonces mi esposo no podía entrar conmigo a las citas. Durante mi primera cita prenatal, la doctora estaba teniendo problemas para encontrar el latido del corazón, ya que solo tenía seis semanas de embarazo. Enseguida, sin pensarlo y con una sonrisa falsa, la doctora comenzó a explicar los pasos que iba tener que hacer en caso de que mi bebé estuviera muerto. Mi corazón se detuvo y como mamá primeriza, es lo último que quería escuchar. Me pregunto si ese comentario realmente fue necesario. Desde este momento, me llené de miedo y ansiedad; especialmente, porque la doctora me mandó con otro médico para hacerme un ultra- sonido. Mientras la doctora trataba de encontrar el latido del corazón de mi bebé, estuve orando y escuchando atentamente por cualquier señal de vida en mi vientre. De repente escuché un sonido muy tenue, a lo que la doctora dijo, "aquí está, ¿puedes escucharlo?", mi corazón saltaba por la emoción y se derramaba con paz después de darme cuenta que todo estaba bien, y que realmente tenía vida creciendo en mi vientre.

Sin embargo, la angustia y el miedo no se tardó mucho para manifestarse de nuevo. Después de mi cita, recibí una llamada de la doctora diciéndome que habían encontrado un sub-coriónico hematoma, básicamente un pequeño coágulo de sangre dentro del útero. La doctora no me explicó ni el tamaño del hematoma, sólo me dio ciertas indicaciones para tener cuidado. No había más explicaciones de parte de ella, no me dijo que no había nada de que preocuparse, ni tampoco que había algo que podría salir mal; me dejó completamente perdida. En fin, la llamada telefónica solo terminó con mi tranquilidad aún después de haber escuchado el latido del corazón de mi pequeño bebé. Llegando a casa comencé con la búsqueda sobre lo que habían encontrado en el ultra-sonido. Como en todo término médico, encontrarás los dos lados extremos; es decir, habrá información que habla de lo mínimo que puede suceder hasta lo peor y más trágico. No sabía con que información quedarme, aunque la verdad es que me imaginaba lo peor.

Por lo tanto, decidí buscar foros en los que hubiese mujeres con el mismo diagnostico que yo, por lo que me encontré con un testimonio donde mencionaba que, debido a esos hematomas, ella experimentó algunos cólicos menstruales junto con un poco de sangrado y aunque esos síntomas sonaban mas como una amenaza de aborto, ella explicaba que era normal porque era la manera como se expulsaba el coágulo. Aún me pregunto por qué me quedé con esta información en mi cabeza en vez de hablar directamente con la doctora y quitarme de dudas. Las semanas pasaban y las ganas de ver mi vientre crecer aumentaban. Estaba tan emocionada por ver a mi bebé crecer dentro de mi, que ya me había tomado la primera foto.

Algunos días no podía creer que tenía vida creciendo dentro de mi vientre; era un sueño hecho realidad. Para ese entonces tenía una aplicación donde podías ver el crecimiento de tu bebé cada semana. Era tan emocionante ver como se iba desarrollando el bebé junto con los cambios en mi cuerpo. Estaba muy al pendiente de todo aspecto; cada semana había importantes avances en el desarrollo del bebé. Era impresionante saber cómo de un día para otro se estaba formando ese ser que ya amas y esperas tener pronto en tus brazos. Me imaginaba arrullándolo (a) en mis brazos, y trataba de visualizar como iba ser nuestras vidas con nuestra niña o niño; estuve tan ansiosa por verla/o crecer, jugando, y riéndose. Había varias ocasiones que me preguntaba si realmente esto estaba pasando en mi vida; se me hacía tan increíble saber que por fin íbamos a tener un hijo. Cada semana que pasaba sentía que mi vientre crecía, y las ganas de verme como una mamá embarazada también.

Despúes de la cita con la doctora, mi esposo recibió una llamada de su tío a quien le platicó sobre el hematoma que habían encontrado, para que oraran por nosotros. Sin embargo, no sabíamos que tenía el celular en altavoz y que otro familiar había escuchado esta información. El familiar compartió la información con otras personas, así para que oraran por mí; sin embargo, había exagerado drásticamente en lo que escuchó, pues les dijo a todos que se trataba de un embarazo de alto riesgo. Aunque posteriormente se le explico a nuestro familiar que esto no era cierto, la idea de un embarazo del alto riesgo siguió expandiéndose. Estuve muy decepcionada y lastimada por este comentario, porque para mí era como una profecía, y aunque no la validaba, dentro de mí sentía que algo no iba bien.

Entiendo que sus intenciones eran buenas, pero la mal información causó que mi cabeza se llenara de enojo. En el fondo no quería que nadie se enterara de estos detalles, especialmente, porque no estuve segura si mi bebé iba estar bien. Desde ese momento, empecé a tener un mal presentimiento acerca de mi bebé. Es difícil de explicar, pero sentía que mi embarazo se trataba de un sueño, como algo inalcanzable. Y aunque tenía el ultrasonido en mi mano, no podía creer que estaba embarazada.

El día de las madres llegó, y mi esposo tan esplendido como siempre, me llevó a la plaza para comprarme algunos vestidos que podría usar cuando creciera mi panza. El día anterior y durante todo ese día, comencé a sentir cólicos premenstruales. No tomé mucha importancia, pues en mi mente tenía aquella información que leí en internet sobre el hematoma, así que pensaba que era parte de los síntomas. Después de ir de compras, visité a mi hermana porque había organizado una pequeña comida por el día de las madres. El dolor incrementaba, y mi rostro lo reflejaba, ya que mi hermana me comentó que me veía un poco cansada pero que quizás era por el embarazo. Mientras tanto, mi esposo les daba la gran noticia a unos invitados, nos felicitaban, pero por dentro yo moría del dolor y solo pensaba en ir a descansar. Una vez en casa, mi esposo y yo decidimos poner una película: "Guerra de las Galaxias", pensé que era buena idea pues podía distraerme de tanto dolor que tenía. Mi esposo por su parte me preparaba algo para calmar el dolor, pero no funcionaba; el dolor fue tan grande que me ocasionaba nauseas, nada podía distraerme. Lino me preguntó si deberíamos ir al hospital, pero yo con el necio pensamiento de que era parte del hematoma, le dije que no. Me fui al baño para vomitar, me di cuenta que ni siquiera podía caminar. Jamás pasó por mi mente que estaba perdiendo a mi bebé. Me acosté en el sillón y el dolor parecía que estaba disminuyendo. De repente, sentí que algo bajó de mi vientre, el dolor había desaparecido; así que me levanté lo más rápido que pude y corrí al baño. En cuanto me senté, inconscientemente metí la mano debajo de mí, para agarrar eso que parecía un coágulo de sangre. Sin embargo, al verlo fijamente, con miedo, le grité a mi esposo y le pregunté con lágrimas que corrían por mi cara, "no es mi bebé ¿verdad?", mi esposo exclamó con una voz cortada que no era el bebé, y que deberíamos ir a la sala de emergencia. Lo que tenía en la mano no era solo un coágulo de sangre, lo que sostenía en la mano era mi bebé muerto de nueve semanas. Entre lagrimas pude notar los pequeños ojos y los brazos que apenas comenzaban a desarrollarse. Mi corazón se partió en pedazos y toda la luz de mi vida se convirtió en oscuridad; estuve dentro de una horrible pesadilla de la cual no podía despertar.

Decidimos manejar para la sala de emergencia, envolví aquello que esperaba fuera solo un coágulo de sangre en una servilleta y luego lo coloqué mi bolsa; en el fondo ya sabía que era mi pequeñito(a). Sin embargo, al llegar al hospital, aún tenía la esperanza que el doctor me dijera que todo estaba bien. Desafortunadamente, en cuanto llegamos, mi esposo no pudo entrar conmigo y tuvo que esperar en el carro por las políticas de la pandemia. Mientras me examinaban les explicaba a las enfermeras lo que había pasado. En cuanto terminaron, se llevaron lo que tenia envuelto en la servilleta para confirmar lo que yo no quería aceptar. Con un dolor en el pecho sabía que se estaban llevando a mi bebé, el cual no pude ver crecer y formarse. Desde ese momento, con un llanto incontrolable, mi corazón se inundó en el mar oscuro y mi pesadilla apenas estaba comenzando.

Lino & Esmeralda Camacho

Capitulo 07

Después De La Tragedia

Era como las tres de la mañana del 11 de mayo, apenas habíamos salido del hospital e íbamos camino a casa; era el viaje más oscuro que habíamos tenido. Al llegar a nuestro hogar estábamos exhaustos, pero sin poder dormir por el dolor que acabábamos de sufrir. Asimismo, el shock comenzaba a disminuir por lo que ya estábamos más consientes de lo que había ocurrido. Esto nos permitió desahogarnos de la agonía que estaba acumulándose por dentro; volvíamos a experimentar lo que habíamos sufrido horas antes y con llanto nos abrazábamos por la perdida de nuestro bebé. La gente engañada le puede llamar a un bebé de nueve semanas de gestación, feto o tejido, pues tratan de desensibilizar sus pensamientos sobre el aborto o asesinato. Sin embargo, lo que vimos mi esposa y yo no era un pedazo de tejido, era nuestro precioso bebecito con sus pequeños ojos, manitas, y piernas en sus primeras etapas de desarrollo.

El aborto ha sido promocionado como "pro-elección", haciéndolo ver como si fuera algo bueno por el uso de un prefijo positivo en la palabra, en vez de llamarlo por lo o que realmente es: anti-vida. Hay muchas clínicas repugnantes que engañan a las madres haciéndoles creer que sus planes son más valiosos que la vida del bebé creciendo dentro de su vientre. Sus métodos repugnantes de engañar a la gente para que aborten son muy crueles, esconden detalles importantes del embarazo como el desarrollo del bebé. Por ejemplo, en vez de enseñarle a la madre el cuerpo completo del bebé en la ecografía, usan otro ángulo que solamente refleja la parte de arriba de la cabeza, para que así se vea como un punto redondo en la pantalla. Es más, tratan de evitar mencionar otras alternativas que no requieren la terminación del bebé; ya que les afectaría sus billeteras.

Sufrir Con Propósito

Mi esposa y yo conocimos a una madre que fue engañada por los doctores de una clínica de abortos; le dijeron que su bebé de ocho semanas de gestación era del tamaño de un arroz, lo cual claramente es mentira, pues debido a nuestra experiencia, podemos decir que un bebé de ocho semanas no es de ese tamaño. La gente arrogante y egoísta decide escuchar cualquier cosa que sea conveniente para ellos, para así continuar viviendo vidas impuras sin ningún remordimiento. Quizás, por eso hay tanta gente que le gusta vivir de acuerdo a la frase, "la ignorancia es grata", ya que los mantiene viviendo vidas "felices", mientras no sepan la verdad. Otro ejemplo de personas eligiendo la ignorancia por encima de la verdad, fue el de una mujer joven que se engañaba así misma y a los demás diciendo que había tenido un aborto espontaneo, cuando en realidad había tenido un aborto planificado. Mi esposa y yo tratamos de ayudar a la joven compartiéndole la misericordia de Jesús e incitándola al arrepentimiento y reconcomiendo de sus errores. Sin embargo, continuó viviendo una vida de negación y mentira al no reconocer lo que verdaderamente había hecho. Por mi parte, le sugerí cómo podría evitar engañarse a ella misma y a los demás por la decisión que tomó. Le mencioné que el vivir en negación solo empeoraría las cosas a nivel emocional y psicológico. De alguna manera, la frase "la ignorancia es grata" suena mucho como el verso bíblico que dice, "Porque en la mucha sabiduría hay mucha angustia, y quien aumenta el conocimiento, aumenta el dolor".[27] Esto tiene sentido, porque cada vez que estudio sobre las horrendas leyes establecidas sobre el aborto "legal," más enfermo me siento del estómago. Por favor, recuerden que hay otras alternativas en vez del aborto; cualquier cosa es mejor que matar al bebé, además, los resultados de tener un aborto son extremadamente perjudiciales para el bienestar de las madres, y las consecuencias serán físicamente y

---

[27] Eclesiastés 1:18 (LBLA)

91

psicológicamente devastadores. Comprendo el argumento de las activistas "anti-vida" sobre permitir el aborto en mujeres que hayan sido violadas; en este aspecto quiero compartir el caso de una mujer valiente que habla sobre la violación y aborto que decidió hacer. Ella mencionó que quería suicidarse, y no por la violación que había sufrido sino porque había visto a su bebé descuartizado en una jara en el cuarto de a lado. Ella habla sobre los efectos secundarios perjudiciales que aparecen después de tener un aborto.

La edad legal en la cual se puede abortar un bebé es 24 semanas, mi esposa y yo no podemos entender cómo algo tan satánico puede ser legal en una nación que fue fundada por valores cristianos. En varios estados, una madre menor de edad puede decidir si quiere abortar sin el permiso de sus padres; es tan repugnante ver lo cruel y cínico que se ha convertido este mundo. Para aquellos que han tomado la decisión de abortar en su pasado, queremos informarle que pueden ser perdonados por sus pecados si se arrepienten de corazón, piden perdón a Jesús, y permiten que sea su salvador. Queremos animar aquellos que han tomado decisiones terribles en su pasado, que examinen lo que dice el apóstol Pablo, "La tristeza que proviene de Dios produce el arrepentimiento que lleva a la salvación, de la cual no hay que arrepentirse, mientras que la tristeza del mundo produce la muerte."[28] En otras palabras, cuando realmente nos arrepentimos de lo que hicimos en el pasado, es considerado tristeza que proviene de Dios, la cual nos lleva a la salvación. Por otro lado, si se continúa viviendo una vida sin arrepentimiento ocasionará la muerte en las llamas del Infierno. Recuerden que las decisiones y acciones horribles que hemos cometido en el pasado, a causa de vivir en el engañó, Dios lo tomará y lo convertirá en algo bueno. Los millones de bebés que han sido

---

[28] 2 Corintios 7:10 (NVI)

abortados se han ido con Dios todopoderoso, y nunca van a tener que sufrir.

El mes de mayo se sintió eterno para nosotros, fue un mes de mucha decepción en medio de la emoción por celebrar el día de las madres, y mi graduación. Todo el entusiasmo se había bajado por el drenaje cuando perdimos a nuestro bebé. Como si las frustraciones debido a la restricciones y mandatos ilegales de la pandemia de corona virus no fueran lo suficiente para aguantar, ni siquiera pudimos hacer el viaje de nuestros sueños a Europa. Contábamos los días para llevar acabo este viaje, queríamos disfrutar nuestro tiempo fuera de casa, pero ahora no había otra opción más que encerrarnos. Quedarnos en casa era lo último que queríamos hacer después de la pedida de nuestro bebé, sin embargo, mi esposa aún tenía que continuar estudiando porque todavía no había tomado su examen final, el cual estaba agendado a unas cuantas semanas después de haber perdido al bebé. Debido a la pandemia, no teníamos la opción para viajar a ningún lado, por lo que, quedarnos atrapados en nuestro departamento ocasionaba que constantemente recordáramos lo sucedido. A ninguno de nosotros nos gustaba entrar al baño, porque cada vez que entrábamos, podíamos ver a nuestro bebé encima del tocador; era una tortura. Así mismo, cada vez que llegaba la noche, sentíamos un vacío oscuro que nos llevaba a ver un punto fijo, como si estuviéramos idos. El dolor era tanto que hasta ver películas en la noche nos recordaba de aquel horrible incidente. Mi esposa y yo mostrábamos nuestro dolor en alternadas ocasiones, a veces yo me ponía a llorar y mi esposa me abrazaba y besaba, y viceversa. Había una mañana en donde me desperté más temprano de lo normal y vi la radiografía de nuestro bebé encima de la mesa, me dolió tan profundo el alma, hasta el punto de poner mi cara en una almohada para gritar y no despertar a mi esposa. Me esforzaba para ser fuerte para ella; sin embargo, había días en que el llanto me desvanecía en sus brazos.

Lo mas doloroso para mí fue, ver a mi esposa quebrantada y llorando, se me partía en pedazos el corazón cada vez que la veía en llanto. De vez en cuando me acordaba del rostro de mi esposa en aquella noche y me alma se destrozaba completamente. Si tuviera que explicar cómo era para nosotros perder a nuestro bebé, sería como si estuvieras dentro de una horrible pesadilla donde quisieras despertar y no puedes. Nuestro hogar ya no se sentía igual, era como si cualquier cosa en nuestro departamento nos hacía recordar lo que había pasado esa terrible noche. Por ejemplo, acabamos de hacer espacio en el departamento para la llegada del bebé y cuando vimos el espacio vacío en el closet, nos quebrantamos y lloramos profundamente. Cada vez que mi esposa y yo veíamos bebés en las redes sociales o en público, automáticamente nos acordábamos de nuestro pequeñito; siempre era bonito ver a los bebés en el pasado, pero llegamos al punto en que ver a los bebés nos ocasionaba dolor. Mi esposa y yo éramos transparentes el uno y al otro, nos compartíamos los sentimientos y pensamientos que pasaban en nuestra mente, para así liberar el dolor interno. Hacía todo lo posible para mantener a mi esposa contenta y enfocada en las cosas buenas de nuestras vidas, para que pudiera concentrarse en su examen final. Ambos nos animábamos y recordábamos que nuestro bebé está en las manos de Jesús para siempre. Era una constante montaña rusa de emociones y pensamientos inestables en los dos, a veces entendíamos que Dios tenía un plan preparado para nosotros a través de la pérdida, pero otras veces nos enojábamos con Él por darnos, lo que veíamos como una falsa esperanza. En el Antiguo Testamento, el profeta Jeremías escribe, "- Señor mío- le reclamó la mujer -, ¿acaso yo le pedí a usted un hijo? ¿No le rogué que no me engañara?"[29], así era como

---

[29] 2 Reyes 4:28 (NVI)

nos sentíamos; como la mujer Sunamita que tuvo un hijo que fue herido mortalmente. Sin embargo, recordábamos que Dios tiene un plan perfecto para nosotros, y tiene el poder de convertir algo tan traumático en algo tan hermoso.

Aunque hacíamos todo lo posible para mantenernos optimistas, recordando que Dios tiene un propósito por la pérdida de nuestro hijo, era muy difícil verlo así en todo momento. Especialmente después de recibir en el correo cada factura del hospital con toda la información. Como si no fuera suficiente nuestra propia memoria, estas facturas eran un constante recordatorio de nuestra perdida. Estábamos enfurecidos con el hospital por lo imprudentes que fueron hacia nosotros, pues acabamos de perder a nuestro bebé dos semanas antes de que llegaran las facturas. En ocasiones teníamos estabilidad emocional, pero en cuanto llegaban los recibos del hospital, la tristeza regresaba. Nuestro tiempo para sanar se pospuso por la manera inoportuna y maleducada que tomó el hospital de notificarnos sobre la cuenta. Quizás sería buena idea para los hospitales ser un poco pacientes y comprensivos hacia los que acaban de sufrir una pérdida.

Después de varias notificaciones del hospital, tuvimos que hacer muchas llamadas para que algún seguro pudiera cubrir la cuenta. No solo eran las facturas que nos recordaban del evento horrible, pero también cada vez que llamábamos a los seguros teníamos que volver a explicar lo que había ocurrido. Las llamadas incrementaban ya que nos transferían de un agente a otro. Hubo una ocasión en particular cuando mi esposa estaba explicándole a la recepcionista que quería hablar con el doctor urgentemente porque acabamos de perder al bebé, y la recepcionista fue lo suficiente imprudente para preguntar, "¿entonces, ya no estás embarazada?"; mi esposa es una mujer muy paciente, pero cuando escuchó la pregunta absurda, ella explotó contra ella y le habló muy fuerte. En ese momento yo quería ir a la clínica para gritarle y hacerle saber lo insensible y desconsiderada que fue al atender nuestra llamada. Siempre he escuchado que la gente dice, "no existe una pregunta tonta"; sin embargo, la pregunta que le hizo la recepcionista a mi esposa sí lo era. Esto es lo último que quiere escuchar alguien después de haber perdido a un bebé. Por otro lado, tuvimos que marcar a una agencia de viajes en varias ocasiones para tratar de que nos devolvieran el dinero de el viaje a Europa, pero seguían posponiendo nuestro reembolso. Una cosa mala tras otra, el estrés de la vida seguía amontonándose y derrumbándonos de nuevo al sentirnos sin esperanza.

Había bastantes personas que hacían preguntas desconsideradas o decían cosas inapropiadas; tristemente, la mayoría venían de la familia. Cuando decidimos avisarle a la familia de lo que había pasado, la mayoría respondió en una manera agradable y consoladora; sin embargo, había unos que respondieron en una manera muy egoísta. Dos familiares respondieron a la mala noticia, como si hubiéramos perdido un perro; los dos dijeron cosas como: "estoy seguro que van a poder seguir adelante, porque Dios los va bendecir con otro", y luego empezaron a hablarnos sobre sus problemas matrimoniales o del trabajo. Así mimo, había un familiar que fue lo suficiente egoísta para preguntarle a mi esposa, "¿Pero todavía puedes tener hijos?, ¿verdad?"; Esmeralda y yo estábamos furiosos y decepcionados por escuchar comentarios tan desconsiderados. Estos familiares son muy cercanos a nosotros, por lo cual esperábamos recibir mayor consuelo que de cualquier otra persona. Sin embargo, debido a estos comentarios egoístas, comenzamos a experimentar enojo, amargura, y resentimiento hacia estos familiares. Aun así, mi esposa y yo tratamos lo mejor para perdonarlos porque estaba interfiriendo en nuestra relación. De la misma manera, había una anciana que tuve el disgusto de conocer, que abiertamente y sin vergüenza expresó como odiaba vivir en Texas por las leyes estrictas del aborto, y cómo las mujeres deben de tener el derecho de decidir lo que quieren hacer con su "propio" cuerpo. En cuanto dijo que el aborto debería ser permitido sin ninguna restricción, le compartí francamente que mi esposa y yo estábamos firmemente en contra, porque era una cosa tan diabólica. Poco después de expresar que tan orgullosa estaba por ser pro-asesinato, le compartí que mi esposa y yo estábamos en contra el aborto porque habíamos perdido a nuestro bebé de nueve semanas; aún así, seguía diciendo que los bebés no nacidos son una bola de tejidos. Si tuviera que elegir un día en donde realmente quería golpearle a alguien lo mas fuerte que pudiera en la cara, hubiera sido ese día. Sin embargo, solo fue un pensamiento que vino y se fue de mi mente. ¡No!, no golpeé la cara de la señora; solo en mi mente. Definitivamente había unas cuantas malas palabras que le quería decirle; sin embargo, el Espíritu Santo me detuvo la lengua esa mañana, y también los puños para ser honesto. Cuando le compartí a la anciana sobre la pérdida de nuestro bebé a las nueve semanas, y cómo lo sostuvimos en nuestras manos, yo esperaba que tuviera algo de compasión hacia nuestra pérdida; sin embargo, continuaba diciendo cosas malas, como si nuestra pérdida fuera algo insignificante. Por eso, como ya había mencionado anteriormente, deberíamos tener cuidado cuando creamos expectativas hacia las reacciones de los demás, porque seguramente, terminaremos irritados cuando estas no se cumplen.

Durante esta etapa de decepciones, tuvimos que ir con un obstetra-ginecólogo porque el doctor de la primera clínica encontró unas células anormales. Sin embargo, debido a la mala experiencia que tuvimos en la primera clínica, decidimos buscar un ginecólogo de una clínica privada. En medio de la tranquilidad y sanidad que comenzamos a experimentar, el doctor afirmó el diagnóstico anterior sobre las células anormales, las cuales resultaron ser células pre-cancerígenas. Esto se sumaba a la montaña grande de preocupaciones que teníamos. Quería informarle a mi familia sobre ese suceso, para que oraran por mi esposa, pero fui tonto por confiar en un familiar con información sensitiva. En cuanto este familiar fue informado de lo que habían encontrado, inconsideradamente, le comentó a mi esposa que tal vez era por su edad. Pareciera que este comentario no tiene nada de malo, pero fue muy imprudente en ese momento, porque mi esposa sentía culpabilidad, se preguntaba si hubiera sido mejor empezar a tratar a tener familia desde más jóvenes y no cuando terminara su carrera. En otras palabras, le afirmaba el mal pensamiento que tanto la angustiaba. Debido a este incidente, me enfurecí y le grité cosas muy dolorosas a este familiar. Nunca le había gritado tan severamente a alguien en mi vida, y no lo digo orgullosamente, realmente me he arrepentido por haber reaccionado de esta manera tan vergonzosa hacia este familiar que amo tanto. Nuestra fe y paciencia realmente se estaba poniendo a prueba porque pasaba una cosa mala tras otra. Y cada vez que algo nuevo aparecía, volvía a surgir el enojo que sentimos inicialmente; era como si el diablo estaba tratando de quebrantarnos.

Después de ir a la primera cita con el obstetra-ginecólogo, le recomendó a mi esposa que se hiciera una cirugía sin ninguna otra opción, pero Esmeralda y yo tomamos tiempo para orar antes de tomar una decisión. No estábamos convencidos sobre la recomendación del doctor, así que mi esposa empezó a investigar sobre el diagnostico y el procedimiento que nos había recomendado. Estábamos orando y buscando la guía de Dios, poco después, mi esposa encontró unos testimonios de mujeres que les habían detectado lo mismo, pero encontraron una manera natural para deshacerse del problema. Muchas mujeres que se habían hecho la cirugía que le recomendó el doctor, dijeron que las células pre-cancerosas habían regresado. Sin embargo, cuando estas mujeres buscaron otras alternativas para luchar contra las células pre-cancerosas, encontraron que la mejor manera de combatirlos era a través de cambios drásticos en la alimentación, lo cual se comprobó en sus vidas. La mayoría de estas mujeres, incluyendo mi esposa, les habían informado a sus doctores acerca de la opción natural, pero parecía molestarles. Incluso, hubo casos en los que los médicos fueron groseros y empáticos ante esta alternativa, por lo que, trataban de convencer a estas mujeres para que se sometieran a la cirugía. Los doctores explicaban que este era el único método que las sanaría. El doctor de mi esposa se comportó de la misma manera, se burló cuando mi esposa le explicaba de que se trababa el tratamiento y con una sonrisa falsa, prosiguió a agendar una cita para la cirugía, sin ni siquiera confirmar con mi esposa. Al salir de la clínica, Esmeralda me comentó la situación; sentí muchas ganas de regresar a gritarle algunas cosas, pero me contuve, pues sabia que solo empeoraría las cosas.

Semanas después, el doctor le llamó a mi esposa advirtiéndole sobre las terribles consecuencias al no realizar la cirugía, y aunque estas pueden pasar a largo plazo, la manera en cómo lo explicaba se hacia ver que su único interés era el dinero. Pareciera que Satanás aprovechaba cualquier momento para que mi furia estallará y reaccionará de manera violenta; pues así olvidaría el plan que Dios tenia preparado para nosotros, el cual era escribir este libro para traer la paz de Jesús en la vida de los padres quebrantados.

En medio de este huracán que estaba pasando en nuestras vidas, había un rayo de luz que penetraba las nubes oscuras de nuestra angustia, era realmente alentador y edificante. Los resultados del examen nacional para el certificado de terapista ocupacional habían llegado; Esmeralda y yo estábamos emocionados porque después de tanto estudio y dedicación, mi esposa había pasado su examen con un alto porcentaje. Pero aún había una luz más brillante que penetraba las nubes de la oscuridad; mi esposa y yo nos enteramos que íbamos a tener otro bebé. Después de tres meses desde que perdimos a nuestro primer bebé, Dios ya nos estaba respondiendo a nuestras oraciones, mientras nos guiaba y animaba. Descubrir que nos convertiríamos en padres por segunda vez, nos llenó de alegría y esperanza que nos motivó a seguir escribiendo este libro. No había nada más en el mundo que nos pudiera alegrar tanto como esta noticia; estábamos profundamente asombrados.

Aunque mi esposa y yo estábamos fascinados sobre esta maravillosa noticia, también estábamos aterrorizados. Se que teníamos que haber estado completamente llenos de alegría, pero la realidad era que estábamos paralizados del miedo; miedo de perder a nuestro bebé. Después de saber que estábamos esperando un hijo, comenzamos a tener horribles pesadillas a diario, fuimos torturados por varias semanas. En diversas ocasiones, me despertaba en medio de la noche debido a los gritos de mi esposa, ya que había tenido un mal sueño en donde volvía a perder el bebé. Por mi parte, también tuve horribles sueños donde perdíamos a nuestro pequeño. Había un sueño en particular donde podía ver a mi esposa sentada en la sala llena de sangre y lágrimas, mientras sostenía a nuestro bebé en sus manos. Cada vez que teníamos estos sueños, despertábamos sudados, llorando, y con el corazón agitado; estábamos hartos de vivir con el miedo. Esmeralda y yo orábamos intensamente para que se desaparecieran las pesadillas, pero el tiempo pasaba, y estas aún continuaban. Cuánto más nos acercábamos a las nueve semanas, las pesadillas se intensificaban. Empecé a orar a Dios agresivamente, le dije, "¿Si puedes hacerlo todo, entonces ¿por qué no haces algo para deshacerte de nuestro miedo y de nuestras pesadillas?" Dos días después de esta oración, uno de nuestros mejores amigos nos invitó a una noche de alabanza en donde conocimos unas personas grandiosas.

Poco después de la alabanza, un respetable pastor llamado Larry, les pidió a todos que oraran por nosotros; fue increíble porque sentimos la presencia de Dios, además que era la primera vez que alguien le nació orar por nosotros sin necesidad de pedírselos. En cuanto terminaron de orar, una mujer maravillosa llamado Sue y su esposo Paul, comenzaron a profetizar sobre mi esposa, diciendo, "te veo pujando, pujando y dando luz, y vendrá muy pronto"; mi esposa y yo estábamos en shock porque no le habíamos dicho a nadie que estábamos esperando un bebé. Después de que Sue profetizó sobre Esmeralda, compartimos con el grupo que mi esposa tenía ocho semanas de embarazo, y aunque estábamos emocionados, realmente teníamos miedo porque el bebé casi cumplía las nueve semanas; las mismas semanas que perdimos a nuestro primer hijo. El momento en que nuestros hermanos cristianos escucharon que teníamos miedo, empezaron a pedirle a Dios que nos quitara el miedo constante que nos aterrorizaba, para que la paz de Jesús nos pudiera llenar nuestras almas. En cuanto

Sue profetizó sobre mi esposa, nos llenamos de paz por las

buenas palabras que tenía para nosotros. Esto me recordó

lo que dice en el libro de Proverbios, "La ansiedad en el

corazón del hombre lo deprime, más la buena palabra lo

alegra."[30] Una carga enorme finalmente se había caído de

nuestros hombros esa noche porque Dios nos hizo ver

claramente que no teníamos que preocuparnos de nada, ya

que escuchamos a Dios hablar a través de Sue con respecto

a mi esposa dando luz naturalmente.

Es asombroso como Dios nos reveló Su paz a través

de estas personas increíbles, los cuales habíamos conocido

una semana antes de las nueve semanas de embarazo que

tanto temíamos. Mi esposa y yo estábamos en una

constante batalla entre el miedo y la fe; pensamientos

horribles entraban en nuestras cabezas sobre la posibilidad

de perder a nuestro bebé, pero luego nos acordábamos de la

---

[30] Proverbios 12:25 (LBLA)

fidelidad de Dios. Esto me recuerda la frase que dijo un pastor, "La fe es esperar que Dios se mueva en tu vida, mientras el miedo es esperar que el diablo se mueva en tu vida"; la frase nos ayudó a enfocarnos en nuestra fe en Dios. Aunque Dios se pudo haber visto como cruel por esperarse hasta una semana antes de las nueve semanas de embarazo, nos dimos cuenta que Dios solo quería que completamente confiáramos en Él antes de revelarnos la certeza del bienestar de nuestro bebé. Además de escuchar a Sue profetizar sobre mi esposa, un día antes de las nueve semanas de embarazo, una muchacha joven llamada, Evangelina que no nos conocía, nos dijo que vio a Esmeralda con una panza grande cuando entramos a la casa de nuestros amigos. Esta muchacha que acabamos de conocer no tenía idea que mi esposa estaba esperando un bebé, y hasta se esperó para comentarle, porque no estaba segura si yo era su esposo. Sin embargo, cuando nos contó la visión que tuvo de mi esposa, empezamos a llorar porque

Dios nos estaba asegurando de nuevo que nuestro bebé iba estar bien. Lo asombroso de Dios es que no solamente usó una persona para confirmarnos que todo iba salir bien, Él nos afirmo a través de dos personas maravillosas que jamás habíamos conocido antes. Así mismo, Esmeralda y yo fuimos a Galveston, Texas en donde vimos una mujer que se veía igualita a ella, tenía seis meses de embarazo. Era como si Dios nos estaba volviendo a asegurar que mi esposa pronto tendría su vientre grande. Enseguida, le comenté al esposo de esta muchacha sobre el gran parecido que tenia su esposa con la mía; estaba muy entusiasmado, porque sentí que Dios me estaba confirmado algo que soñaba ver, lo cual era ver a mi esposa embarazada.

A través de oraciones y conversaciones con amigos, pudimos enfocarnos en las cosas buenas que Dios estaba haciendo en nuestras vidas. El apóstol Pablo escribe, "No se inquieten por nada; más bien, en toda ocasión, con oración y ruego, presenten sus peticiones a Dios y denle gracias. Y la paz de Dios, que sobrepasa todo entendimiento, cuidará sus corazones y sus pensamientos en Cristo Jesús."[31]; estábamos orando constantemente y pidiéndole a Dios que nos llenara de Su paz, y era exactamente lo que hizo. Cada cosa que planeamos en la vida se había desvanecido; sin embargo, Dios tenía algo maravilloso planeado para nuestro futuro, y eran cosas buenas. Dios habla a través del profeta Jeremías, "Porque Yo sé los planes que tengo para ustedes", declara el Señor, "planes de bienestar y no de calamidad, para darles un futuro y una esperanza. Ustedes me invocarán y vendrán a rogarme, y Yo los escucharé. Me buscarán y me encontrarán, cuando me busquen de todo corazón."[32], esta es la verdad en que continuaremos confiando; la Verdad de Dios.

---

[31] Filipenses 4:6-7 (NVI)
[32] Jeremías 29:11-13 (NBLA)

Lino & Esmeralda Camacho

Sufrir Con Propósito

Consejos Después De Sufrir Una Tragedia

1. Reconoce el dolor que estás sufriendo y confiésaselo a Dios.

2. Háblale a un amigo o familiar de confianza sobre la tragedia.

3. Busca el consuelo a través de la Palabra de Dios.

4. Busca las promesas y el propósito que Dios tiene a través de la tragedia.

5. Creer en que Dios va ser fiel.

Sufrir Con Propósito

Capitulo 08

Sufrir Con Propósito

¿Por qué todos en el mundo experimentan el sufrimiento? Como lo había mencionado antes, el dolor es un producto de los pecados que hemos cometido; por lo tanto, todos experimentan el dolor por esta razón. Sin embargo, el dolor puede ser utilizado como una herramienta beneficial por cada Cristiano en el mundo. ¿Cómo, exactamente? Antes que nada, deberíamos entender cómo se puede usar una herramienta: una herramienta puede ser utilizada para la construcción o la destrucción; su función es significante y útil. Este es el caso cuando se trata del dolor, el sufrimiento que ha soportado la gente puede ser utilizado como una herramienta constructiva o destructiva. Por ejemplo, cuando alguien ha vivido en el alcoholismo varios años por la pérdida de su hijo, seria una manera destructiva de expresar el dolor. Por otro lado, utilizar el sufrimiento en una manera constructiva sería, alguien que decidió hablarle al público de su pérdida, con el fin de informarles sobre maneras productivas para superar la desesperación. Los resultados positivos o negativos de una persona dependen totalmente en la manera que deciden reaccionar hacia ciertas circunstancias. El objetivo que uno debería perseguir, es utilizar el dolor que han soportado en una manera constructiva que les ayudará a otros superar sus momentos de agonía; es decir, sufrir con propósito.

Aunque el dolor es algo que la mayoría tiende evitar, por obvias razones, el dolor produce muchas oportunidades para que los Cristianos puedan profesar la paz de Jesús hacia los perdidos. Por ejemplo, había una mujer de Dios que generosamente compartió su experiencia traumática con nosotros en nuestro tiempo de estrés. Nos informó que había perdido dos bebés años atrás, pero que estaba segura que Dios los tenía en sus manos. Aunque ella sabía que conversar sobre su pérdida iba traer de vuelta emociones dolorosas, todavía estaba dispuesta a compartirnos su historia. Ella demuestra que, a pesar de estar vulnerable, decidió empatizar con nosotros compartiéndonos su dolor y recordándonos del lugar hermoso que Dios tiene preparado para nuestros hijos. Este es un gran ejemplo de cómo los Cristianos podrían compartir sus experiencias con otros, para así informar a la gente de la paz que trae Jesucristo. El apóstol Mateo escribe, "De la misma manera, el Padre que está en el cielo no quiere que se pierda ni uno solo de estos pequeños"[33]; por esta razón, deberíamos estar firmes y certeros que nuestros hijos están a salvo con Dios. Realmente es asombroso como Dios conecta todo con tanta perfección, pues meses antes de nuestra perdida, compartimos el Evangelio con esta gran mujer que decidió aceptar a Jesús

---

[33] Mateo 18:14 (BLPH)

121

como su salvador, y ahora ella nos brindaba apoyo y aliento en medio de nuestro sufrir.

Es evidente que la angustia que ha sufrido alguien, puede ser utilizado para animar aquellos que han sufrido por circunstancias similares. En otras palabras, el dolor que la gente ha soportado no los deja con las manos vacías; al contrario, les permite tener un punto de vista auténtico sobre situaciones específicas que han experimentado. Cuando alguien ha tenido el privilegio de experimentar dolor que puede relacionar con los demás, esa persona va poder empatizar con aquellos que han sufrido por situaciones similares. Toma nota, sentir dolor es un privilegio, no es vano; por ejemplo, si alguien ha sufrido la pérdida de un hijo, ellos realmente podrían compartir los mismos sentimientos con aquellos que también han pasado lo mismo. La bendición dentro de este ejemplo es que el creyente o futuro-creyente va poder compartir con el mundo, la esperanza que ha encontrado en Jesucristo, y cómo Dios lo ha liberado del tormento a través de su amor incondicional. Una noche, mi esposa y yo tuvimos la oportunidad de compartir nuestras emociones con mi tío Joe y mi tía Verónica. Ellos nos compartieron cómo sufrieron intensamente cuando sostenían en sus brazos a Mary-Belle Anaya, su bebé de 18 meses mientras tomaba su último respiro. Mary-Belle Anaya era una niña hermosa, fuerte, y maravillosa. A pesar de la agonía que sufría diariamente, por la leucemia, siempre mantenía una gran sonrisa todos los días. Aunque Mary-Belle solo tenía 18 meses, Dios aún pudo usarla como ejemplo de cómo vivir una vida dolorosa y aún mantener una actitud positiva en este mundo. Era realmente un privilegio poder abrazar a mi tío y mi tía mientras llorábamos sobre la pérdida de nuestros bebés, era un momento reconfortante para nosotros. Aunque revivimos nuestros sentimientos dolorosos, indudablemente pudimos desahogar la tristeza al hablar sobre nuestra experiencia; lo cual formó parte de nuestro proceso de sanación.

Como ya había mencionado en capítulos anteriores, todos en el mundo hemos sufrido dolor en algún punto de nuestras vidas. Sin embargo, este sirve para un propósito noble y holístico, del cual deberíamos estar consientes y dispuestos aceptar en nuestras vidas. Así como lo hizo Jesús en el jardín de Getsemaní; Mateo escribe, "Yendo un poco más allá, se postró sobre su rostro y oró: "Padre mío, si es posible, no me hagas beber este trago amargo. Pero no sea lo que yo quiero, sino lo que quieras tú."[34] Jesús nos enseña cómo sufrir con propósito en la vida. Si el salvador del mundo tuvo que pasar por un dolor inexplicable ¿quiénes somos nosotros para pedirle algo menos a Dios? No te enfoques tanto en cuánto dolor has aguantado, ni en cuánto vas a tener que sufrir, sino, enfócate en el propósito que Dios tiene para tu sufrimiento, y cuántas vidas vas a

---

[34] Mateo 26:39 (NVI)

poder impactar a través de ello. Jesús nos dejó el ejemplo principal a seguir, el cual es, valorar el dolor con el propósito de salvar vidas, para que así hagamos lo mismo para otros.

Así mismo, deberíamos abstenernos de llevar nuestros sufrimientos en una manera destructiva porque puede llevar al resentimiento, el cual puede resultar en falta de perdón y amargura hacia los demás y nosotros mismos. Jesús nos recuerda en el libro de Mateo, "Porque, si perdonan a otros sus ofensas, también los perdonará a ustedes su Padre Celestial. Pero, si no perdonan a otros sus ofensas, tampoco su Padre les perdonará a ustedes las suyas"[35], deberíamos mantenernos firmes en las enseñanzas de Jesucristo. Debido al enojo, estuve viviendo una vida con resentimiento hacia una pareja por varios años. Era tan necio que pensaba que ellos no podían ser salvos por el estilo de vida que llevaban, sin embargo, Dios fue

---

[35] Mateo 6:14-15 (NVI)

misericordioso conmigo porque me dio la oportunidad de hablarles sobre la pérdida de nuestro bebé, ya que ellos también habían pasado por lo mismo. El Espíritu Santo me convenció para acercarme a ellos y platicar. Después de escuchar al esposo, Dios me abrió los ojos para poder entender porque hacía las cosas que hacía sin ningún remordimiento. Él fue criado en una familia donde vendían drogas, y eso era lo único que aprendió hacer. Me compartió que estaba harto de vivir así y que quería hacer otra cosa que fuera honorable para su familia, para así dejar un buen ejemplo a sus hijos. Además, me habló sinceramente de sus sentimientos cuando perdió a sus bebés. Compartimos lágrimas y conectamos sobre nuestra tragedia. Lo más importante fue que este hombre tomó la decisión de arrepentirse de sus pecados y aceptar a Jesús como su salvador después de haber hablado. Mí corazón se llenó de alegría cuando voluntariamente decidió recibir el regalo de salvación. El libro de Job dice, "He aquí, cuán bienaventurado es el hombre a quien Dios reprende; no desprecies, pues, la disciplina del Todopoderoso. Porque Él inflige dolor, pero da alivio; Él hiere, pero sus manos también sanan"[36]; por esta razón Dios deja que pasemos por tribulaciones en la vida, para así poder servirle de una manera más amplia y efectiva. Es realmente un honor y un privilegio poder servirle a Dios porque Él utiliza las experiencias más oscuras y dolorosas en nuestras vidas para impactar en la vida de los demás a través del amor y la paz que proviene de Su Hijo Jesús.

Aunque confiábamos en Dios, había días muy difíciles para nosotros, a veces recordábamos el incidente trágico, y volvíamos a caer en la desesperación. Aún así, no dejamos que nuestras almas se ahogaran en el mar de depresión; nos dedicamos a leer la Biblia diariamente, para así estar conscientes de las promesas de Dios. No tenemos ninguna duda de que Dios toma cada obstáculo y lo

---

[36] Job 5:17-18 (LBLA)

convierte en una oportunidad para poder bendecir a los demás y a nosotros mismos. A lo largo de nuestro dolor, tratamos de mantenernos conscientes de la fidelidad de Dios y de cómo utiliza todo para el bien de su reino. Eso es lo que declara Dios en Romanos, "Ahora bien, sabemos que Dios dispone todas las cosas para el bien de quienes lo aman, los que han sido llamados de acuerdo con su propósito"[37]; confiábamos en estas promesas y seguimos haciéndolo. La única razón que mi esposa y yo tenemos paz y esperanza en nuestras vidas, es debido a la fe que tenemos en Jesús y en la Palabra de Dios. Por ejemplo, el apóstol Pablo escribe, "Hermanos, no queremos que ignoren lo que va a pasar con los que ya han muerto, para que no se entristezcan como esos otros que no tienen esperanza. ¿Acaso no creemos que Jesús murió y resucitó? Así también Dios resucitará con Jesús a los que han muerto

---

[37] Romanos 8:28 (NVI)

en unión con Él"[38], estamos seguros de que vamos a poder ver a nuestro bebé otra vez.

Cada cosa que experimentan los cristianos, ya sea, bueno o malo, Dios lo utilizará para traer una bendición y propósito en sus vidas, aunque no lo puedan percibir en ese momento. El apóstol Pablo es otro gran ejemplo de sufrir con propósito, porque él había pasado por múltiples circunstancias donde casi le quitan la vida; sin embargo, en medio del dolor escribió varios libros del Nuevo Testamento. De esta manera deberían los cristianos utilizar el sufrimiento, porque producirá fruto espiritual que alimentará a los que necesitan llenarse de nutrientes espirituales por generaciones. En el libro de Salmos, dice, "Dichoso el hombre que no sigue el consejo de los malvados, ni se detiene en la senda de los pecadores ni cultiva la amistad de los blasfemos, sino que en la ley del Señor se deleita, y día y noche medita en ella. Es como el

---

[38] 1 Tesalonicenses 4:13-14 (NVI)

árbol plantado a la orilla de un río que, cuando llega su tiempo, da fruto y sus hojas jamás se marchitan. ¡Todo cuanto hace prospera!"[39] En otras palabras, cuando nos mantenemos firmes en las promesas de Dios, a pesar de todo, Dios utilizará nuestras experiencias en maneras que jamás nos hubiéramos imaginado; lo cual traerá bendiciones y oportunidades ilimitados para glorificar a Dios.

Nick Vujicic es uno de los cristianos mas influyentes que he oído, este hombre asombroso de Dios nació sin brazos y piernas; pero, Dios lo ha estado usando para ser los pies y las manos de Jesús para llevarles el Evangelio a millones de almas destrozadas. Sin embargo, esto solo ha sido posible porque Nick decidió buscar la voluntad de Dios, a pesar de sus circunstancias. Dios le declara al profeta, Jeremías, "Antes de formarte en el vientre, ya te había elegido; antes de que nacieras, ya te

---

[39] Salmos 1:1-3 (NVI)

había apartado; te había nombrado profeta para las naciones"[40]; Dios ha preparado una misión para todos, pero todo depende de nosotros si queremos perseguir la voluntad de Dios en nuestras vidas. Los animo que lean un libro de Nick Vujicic, es increíble como Dios ha estado usando a este hombre extraordinario sin brazos y piernas como sus propios brazos y piernas de esperanza en la vida de millones. Han sido varios líderes cristianos como Nick Vujicic que han impactado nuestra vida extremadamente, grandes líderes como: Robert Morris (Una Vida de Bendición), Jimmy Evans (Matrimonio Sobre La Roca), Ted Roberts (Deseo Ser Puro), Larry Titus (Kingdom Global Ministries), Susan Chapman Brown (Of God and Genders), Joyce Meyer (El Campo De Batalla De La Mente), Tati Martínez (Ya Basta), Chris McRae (Sojourn Church) y muchos más. Mi esposa y yo estamos tan

---

[40] Jeremías 1:5 (NVI)

131

agradecidos por estos líderes cristianos auténticos porque han influido considerablemente en la escritura de este libro.

Hay que recordar las funciones prácticas donde se puede utilizar el sufrimiento. El dolor puede servir para advertirles a los demás de los peligros en la vida. Por ejemplo, alguien que era un alcohólico en su pasado puede advertirles a los que actualmente están viviendo en la borrachera, de las consecuencias dolorosas que tuvo que aguantar, por la falta de disciplina. Así mismo, el dolor que ha sufrido alguien, también puede ser utilizado para guiar a los demás hacia la victoria. Como cuando alguien que era alcohólico en su pasado guía a los demás para vivir una vida sobria, compartiéndoles métodos para superar la adicción. Principalmente, el sufrimiento puede ser utilizado para producir esperanza en las vidas de muchos. El apóstol Santiago escribe, "Amados hermanos, cuando tengan que enfrentar cualquier tipo de problemas, considérenlo como un tiempo para alegrarse mucho porque ustedes saben que, siempre que se pone a prueba la fe, la constancia tiene una oportunidad para desarrollarse. Así que dejen que crezca, pues una vez que su constancia se haya desarrollado plenamente, serán perfectos y completos, y no les faltará nads".[41] Este verso de la Biblia nos revela la importancia de nuestras tribulaciones; nos enseña cómo Dios nos prepara para hacer su voluntad en nuestras vidas, y cómo vamos a poder consolar a los que han sufrido, sólo porque también nosotros hemos padecido. De manera que, Dios no quiere que continuemos viviendo en depresión; al contrario, cuando decidimos vivir nuestras vidas dedicadas a Él, Dios nos llena de paz y bendición. Aunque nos topamos con muchos obstáculos frustrantes, cada uno de ellos es una oportunidad para reaccionar en una manera pura que le agrade a Dios. Podíamos haber decidido enfocarnos en las dificultades que estábamos sufriendo y

---

[41] Santiago 1:2-4 (NTV)

vivir en la agonía todo el tiempo, pero a pesar de todo, decidimos buscar el propósito y la voluntad de Dios.

Dios realmente tiene un propósito maravilloso para cada situación dolorosa que hemos enfrentado. Y aunque sólo han pasado unos meses después de la tragedia, aún, Dios nos ha usado para traerles la paz de sus promesas a varias madres que también han sufrido una pérdida. Por ejemplo, una noche Esmeralda y yo teníamos antojo de sándwiches, y en la tienda a la que nos dirigimos, Dios nos conectó con una mujer espléndida llamada Jenn. Mientras estuve esperando por la comida, sentí que Dios quería que le preguntara si conocía a alguien que había perdido a un bebé. Obviamente, no quería preguntar por lo profundo, personal, e incómodo que era la pregunta; sin embargo, finalmente me llené de valentía para hacerlo. Después de preguntar esto tan incomodo, le expliqué que mi esposa y yo estábamos escribiendo un libro para traerles esperanza y paz a los padres que han perdido un bebé. En cuanto le compartí sobre expandir la paz y esperanza de Jesús, sus ojos se empaparon, y en llanto me contó que había perdido un bebé hace dos años; quedé en shock. Es increíble como Dios nos puede usar en una manera tan incómoda e inesperada para recordarles a los demás que Dios los ama. Oramos por Jenn y le explicamos que no estaba sola, y que su bebé estaba en las manos del Padre. Jenn nos expresó su agradecimiento por el libro que estábamos escribiendo, y que también estaba emocionada por comprarlo cuando se publicara. Esmeralda y yo nos quedamos sin palabras por la manera en cómo nos usó Dios aquella noche para compartirle el amor de Dios a Jenn.

De igual forma, cuando mi esposa tuvo una cita para obtener una ecografía, tuve que aguardar en la sala de espera. Mientras estaba sentado, una muchacha embarazada llamada Felicia se sentó a lado de mí, y me preguntó si esperábamos a nuestro primer bebé, pero le expliqué lo que había pasado con nuestro primer hijo.

Cuando Felicia escucho sobre nuestra tragedia, me dijo que lo lamentaba mucho, y que ella entendía exactamente cómo nos sentíamos porque ella había perdido cuatro bebés en el pasado. Me quedé sin palabras cuando escuché que había perdido cuatro bebés. Mi esposa y yo estábamos quebrantados cuando perdimos a uno, no me puedo imaginar la desesperación que sufrieron ella y su esposo. Empatizamos el uno con el otro y conversamos sobre cómo pudimos superar el dolor, y también entendíamos que Dios tenía un lugar especial para nuestros bebés. Tuve el privilegio de compartirle cómo Dios deja que suframos, para así ayudar a los demás a superar sus momentos de agonía; además, le expliqué que cuando sufrimos más, podemos llegar a más gente con la paz de Dios. Era realmente una experiencia reconfortante poder conectar con alguien que entendía la angustia que habíamos sufrido, además de poder compartir el Evangelio.

Una vez más, Dios nos usó en dónde menos esperábamos. Mi esposa y yo fuimos a Cancún, para sorprender a la familia con la gran noticia de nuestro bebé que venía en camino. Unos días después de sorprenderlos, fuimos a Isla Mujeres para poder relajarnos y disfrutar de la hermosa playa. No fuimos con la intención de hablarle a alguien de nuestra tragedia, sin embargo, Dios tenía otros planes preparados para nosotros. Tuvimos el privilegio de hablarle a un grupo de gente en la playa sobre nuestra experiencia. Sentí que Dios quería que les preguntara si conocían a alguien que había perdido a un bebé, y otra vez, dude preguntar, pero finalmente me animé a hacerlo. Después de hacer la pregunta incómoda y explicarles cómo queríamos traer la paz de Jesús para aquellos que han perdido un bebé, una mujer llamada Megan nos compartió que había perdido su primer bebé. Enseguida, comenzamos a describir la tortura que pasamos el Día de las Madres, y le expresamos cómo Dios nos permitió sufrir una pérdida, para así poder compartir la paz de Dios hacia las madres heridas alrededor del mundo. Esmeralda abrazó a Megan mientras lloraban. Era sorprendente ver cómo Dios nos puso en el corazón hablar con Megan en ese momento. Pudimos compartir el amor de Dios con Megan, y también le explicamos como Dios tiene preparado un lugar maravilloso en el cielo, para cada bebé que ha fallecido.

Por otra parte, había otra ocasión en donde conocimos a una mujer amable llamada, Jordyn quien nos compartió su historia extremadamente triste. Esta poderosa mujer de Dios nos compartió que había perdido diez hijos en el pasado. Estábamos impactados por la cantidad de bebés que había perdido; lo único que se nos vino a la mente fue el sufrimiento que experimentamos cuando perdimos a un bebé, así que no podíamos comprender cómo algo tan devastador le podía haber pasado a una mujer tan amable tantas veces. Después de contarnos que había perdido diez bebés, Jordyn expresó su alegría por la fidelidad de Dios al bendecirla con un niño, aún cuando los doctores le habían dicho que le era imposible tener hijos. Así como Jordyn, Dios quiere que continuemos confiando en Él en medio del sufrimiento, porque Dios tiene un propósito. En el caso de ella, Dios está brindando la paz a través de su hijo Jesucristo mientras Jordyn vive cada día en agradecimiento y alegría dedicado al Señor. Es una gran bendición compartir el poderoso testimonio de Jordyn. A veces Dios permite que suframos por varias tragedias, para así poder ser la luz que atrae a aquellos que están viviendo en la oscuridad. Jesús proclama en la epístola de Mateo, "Ustedes son la luz del mundo. Una ciudad en lo alto de una colina no puede esconderse. Ni se enciende una lámpara para cubrirla con un cajón. Por el contrario, se pone en la repisa para que alumbre a todos los que están en la casa. Hagan brillar su luz delante de todos, para que ellos puedan ver las buenas obras de ustedes y alaben al Padre que está en el cielo".[42] En otras palabras, como cristianos estamos obligados a ser la luz que guía a este mundo oscuro y quebrantado hacia los brazos de Jesús. La manera en cómo vivimos será lo que atraerá a los perdidos hacia Dios.

Ha sido casi un año desde la pérdida de nuestro pequeño; sin embargo, Dios nos ha usado en varias ocasiones para traerles paz y esperanza a madres heridas. No nos podemos imaginar cuántas mamás vamos a poder impactar en los años que vienen. Consideramos todo nuestro sufrimiento como alegría porque nos dará la oportunidad para servirles en este mundo quebrantado. El apóstol Pablo escribe:

"Bendito sea el Dios y Padre de nuestro Señor Jesucristo, Padre de misericordias y Dios de toda consolación, el cual nos consuela en todas nuestras tribulaciones, para que también nosotros podamos consolar a los que están en cualquier aflicción, dándoles el consuelo con que nosotros mismos somos consolados por Dios. Porque, así como los sufrimientos de Cristo son nuestros en abundancia, así también abunda nuestro consuelo por medio de Cristo. Pero si somos atribulados, es para el consuelo y salvación de ustedes; o si somos consolados, es

---

[42] Mateo 5:14-16 (NVI)

para consuelo de ustedes, que obra al soportar las mismas aflicciones que nosotros también sufrimos. Y nuestra esperanza respecto de ustedes está firmemente establecida, sabiendo que como son copartícipes de los sufrimientos, así también lo son de la consolación".[43]

Aunque nuestro sufrimiento puede ser un inconveniente para nosotros, Dios sabe exactamente a quién vamos animar en tiempo de estrés, a través de las aflicciones que hemos experimentado. Nuestro sufrimiento no es en vano cuando vivimos para Cristo. Solamente con Dios podemos sufrir con propósito, lo cual guiará a los perdidos hacia la paz irresistible de Jesús. Hay que evitar obsesionarnos con nuestros propios sufrimientos, para así enfocarnos en proporcionar sanidad para el mundo dolido que nos rodea. El gozo de nuestras vidas depende de ultima instancia de la actitud que tomamos y a quien decidimos alabar. Algunas personas eligen tener una visión pesimista en la vida, y otros deciden alabarse a ellos mismos o cualquier otra cosa en vez de Dios, lo cual lleva a

---

[43] 2 Corintios 1:3-7 (NBLA)

la decepción, ineficacia, y vidas completamente vacías.

Por otro lado, cuando decidimos seguir a Jesús diariamente,

nos llenaremos de abundante alegría, paz, y esperanza; el

cual nos llevara a tener vidas iluminadas, completas y con

propósito. Sufrir con propósito sólo se puede lograr cuando

tomamos la decisión de arrepentirnos de nuestros pecados y

recibir a Jesús como nuestro Señor, al mismo tiempo que le

damos la gloria a Dios.

Lino & Esmeralda Camacho

Recuerdo Útil: El Propósito Del Dolor Puede…

1. Advertir: Para advertirle a los demás de las consecuencias dolorosas que hemos sufrido causados por nuestras malas decisiones.

2. Guiar: Para guiar a los demás a superar sus tentaciones y tribulaciones, compartiendo métodos efectivos para perseverar.

3. Dar Esperanza: Para enseñarles a los quebrantados cómo Dios utiliza nuestras experiencias dolorosas, para que puedan relacionarse con los que han sufrido circunstancias similares, así para que puedan ver la esperanza que tenemos en Jesucristo.

Lino & Esmeralda Camacho

Capitulo 09

Luz Brillante de Alegría

Durante el embarazo, orábamos sin cesar para que Dios nos llenara de paz diariamente. Así mismo, oramos para que Dios nos revelara el nombre de nuestra bebé a quien averiguamos es niña. Comenzamos a pensar en nombres y Elena era por el momento uno de nuestros favoritos, sin embargo, aún no estábamos seguros si ese era el nombre que Dios quería para nuestra pequeña, así que continuamos pensando. Semanas después de haber escrito los capítulos de este libro y buscado los significados de cada uno de los nombres, Dios nos reveló el de nuestra hija. Cuando estaba editando el libro, leí la parte donde anunciamos que íbamos a tener otro bebé, lo cual lo describimos como "una luz brillante que nos llenó de tanta alegría". Lo increíble fue como Dios usó esta oración que había escrito meses atrás, para elegir el nombre de nuestra hija, aun sin saber que iba ser niña. El nombre de Elena que tanto nos gustaba significa *"luz brillante"*. Cuando leímos esto en el libro, se nos erizo la piel porque sentimos que Dios nos confirmó claramente el nombre que de nuestra hija: Elena Joyce; lo cual significa *"Luz Brillante de Alegría"*.

Hubo muchas cosas increíbles que Dios hizo para nosotros durante el embarazo, una de ellas fue el proveernos con abundantes regalos a través de distintos baby showers para la bebé. Cuando fuimos a visitar a nuestra familia en California, en Navidad, nos organizaron una fiesta sorpresa. Fue maravilloso ver como todos se unieron para celebrar a nuestra hija. Estábamos muy agradecidos por todo el apoyo que nos habían dado esa noche, y no solo por los regalos, pero también por todo el apoyo emocional. Posteriormente, cuando regresamos a Texas, un grupo de amigos de la iglesia Waterside organizó un baby shower para mi esposa, nos consintieron con juegos, regalos, y lo mejor de todo, con amor. La hermana de mi esposa también nos preparó un baby shower, había regalos, juegos, y comida disponible; tuvimos una gran experiencia con ellos. Así mismo, nuestros grandes amigos de la escuela coordinaron un baby shower para Esmeralda porque querían bendecirnos con comida, regalos, y con ánimos para seguir adelante; realmente disfrutamos de todo el apoyo. De igual manera, White Rose, una organización asombrosa que apoya a las mamás en necesidad; nos entregaron comida, regalos, y oraciones para mi esposa. Finalmente, Sojourn, la iglesia donde apenas comenzábamos a congregarnos, decidió hacer un baby shower donde nos llenaron de regalos, comida, ánimos, y amor. Estábamos conmovidos por la manera que Dios nos bendijo a través de tantas personas maravillosas.

Un día me reuní con el pastor Chris de la iglesia Sojourn para hablarle brevemente sobre mi testimonio. Durante nuestra conversación, le comenté sobre el libro que estábamos escribiendo con el propósito de traer paz a aquellos que están sufriendo por depresión, y aunque sólo me había hablado una vez, decidió cooperar para ayudar a publicar el libro. Es asombroso como Dios provee para nosotros cuando menos lo esperamos. Esto me recuerda el verso bíblico que dice, "Más bien, busquen primeramente el reino de Dios y su justicia, y todas estas cosas les serán añadidas"[44]. Cada vez que mi esposa y yo buscamos la voluntad de Dios en nuestras vidas, Él nos bendecía de una manera que jamás nos imaginábamos, no solo con regalos materiales, pero con su paz eterna en tiempos de angustia. Hemos estado escribiendo este libro con la intención de traer a mucha gente a Jesús, y es por eso es que Dios ha estado bendiciéndonos con todo lo que necesitamos.

Aunque nos iba bien la mayor parte, definitivamente había ocasiones en donde Satanás nos trataba de inculcar miedo o vergüenza. Por ejemplo, en una

---

[44]Mateo 6:33 (NVI)

cita en el centro de maternidad donde planeamos tener a la bebé, la partera encontró algunos granos anormales. La partera nos dijo que no estaba segura si los granos eran VPH o venas varicosas, nos explicó que si era VPH tendríamos que ir al hospital para sacar a la bebé a través de cesárea. El hospital era el último lugar en donde quería ir mi esposa, pues muchas de las limitaciones debido a la pandemia, nos parecían ridículas. Una de ella era el uso de mascarilla aún cuando mi esposa estuviera dando a luz, definitivamente era algo que no estábamos de acuerdo. En cuanto la partera nos dijo que los granos se veían como VPH, mi esposa se estremeció porque pensó que iba tener que ir al hospital para tener una cesárea. Cada vez que Esmeralda pensaba que no tendría a la bebé a través de parto natural, se entristecía y se llenaba de miedo. Por mi parte, comencé a sentir culpa y vergüenza porque pensé que tal vez las malas decisiones de mi pasado habían causado esta anormalidad en mi esposa. Me sentía miserable, avergonzado, sucio, y cualquier otra palabra negativa. Estos pensamientos me hicieron sentir condenado y quebrantado. No podía pensar claramente, estaba lleno de miedo y ansiedad, que hasta tuve que hacer una pausa en escribir este libro pues no me sentía digno de compartir el Evangelio.

Unas semanas después de este descubrimiento, mi esposa y yo regresamos al centro de maternidad para averiguar de lo que se trataba los granos, la partera nos informó que eran venas varicosas. Cuando la partera verificó que los granos no eran VPH, y que realmente eran varices, había un peso increíble que se cayó de nuestras espaldas, y de nuevo la paz de Dios había llenado nuestras almas. La sonrisa de mi esposa era inestimable, estaba llena de alegría por escuchar que iba tener la oportunidad de dar a luz naturalmente. Me sentía muy aliviado cuando la partera nos declaró que todo iba estar bien, y que mi esposa no tenía VPH. Todas las mentiras y condenaciones que me había puesto Satanás en la mente durante las últimas dos semanas, se habían destruido en un instante. Ante esto quiero pedirles a los hombres que, si están viviendo una vida vacía, llena de inmoralidad sexual, se arrepienten de corazón y busquen del perdón de Dios, porque de una manera u otra, habrá consecuencias de nuestros pecados en el futuro. En mi caso, fue sólo por la misericordia de Dios que no me infecté con algo en el pasado.

Es ridículo ver que tan persistente es el diablo en tratar de llenarnos de miedo y duda. Después de averiguar que los granos eran varices, sentimos paz de nuevo; sin embargo, Satanás encontró otra manera para arrastrarnos de nuevo hacia el cuarto oscuro de angustia. La partera nos llamó al centro de maternidad para revisar a mi esposa, nos dijo que tenía que examinar a Esmeralda fijamente para asegurarse que las varices no iban a interferir con el nacimiento de la bebé. Nos explicó que, si estaban muy grandes las varices, mi esposa tendría que ir al hospital para hacerse una cesárea. De nuevo, comenzamos a sentirnos ansiosos por el parto, y la incertidumbre reaparecía en nuestras vidas. Era una batalla constante entre el miedo y la fe, hasta que un día, mi esposa llena del Espíritu Santo proclamó, "¿por qué tenemos miedo y por qué dudamos de lo que Dios ya nos había prometido?" Dios le recordó a mi esposa de la promesa que nos declaró a través de Sue, "te veo pujando, pujando, y dando luz. ¡Y vendrá muy pronto!". Por un instante habíamos olvidado lo que Dios había anunciado a través de Sue con tanto detalle. Nuestro Padre Celestial fue es muy preciso en la manera como mi esposa daría a luz porque Él quería que confiáramos en sus promesas. Satanás es un mensajero persistente de malas noticias, pero la paz de Dios es interminable, su amor sobrepasa todo entendimiento, y Él siempre revelará las mentiras del diablo. El libro de Salmos declara, "Que tu amor inagotable nos rodee, Señor, porque solo en ti está nuestra esperanza."[45]. Este es recordatorio de cómo deberíamos continuar viviendo nuestras vidas con la esperanza en el amor de Dios, y no en las mentiras de Satanás.

Después de tantos obstáculos de miedo y duda, mi esposa y yo decidimos confiar en Dios completamente, para poder vivir intencionalmente con fe. El nacimiento de nuestra Elena hermosa se aproximaba. Era el 25 de abril del 2021 cuando mi esposa entró en labor de parto, y estaba lista para dar a luz a nuestra hermosa "bebé arcoíris". Hay demasiadas palabras para poder describir que tan felices estábamos. Mi esposa fue muy valiente, estaba en labor de parto por varias horas hasta que finalmente llego la hora de pujar, mientras tanto yo sostenía la mano de Ella. Con el último empujón, mi esposa finalmente dio a luz en la tina del centro de embarazo. Aunque no había ninguna complicación durante el parto, pude observar el rostro de

---

[45] Salmos 33:22 (NTV)

preocupación que tenían las parteras, pues mi esposa tenia la placenta retenida. Tuve que sostener a nuestra bebé en mi pecho mientras veía como una de las parteras metía su brazo dentro de mi esposa para sacar la placenta. Estuve orando continuamente por mi esposa porque ella estaba sangrando excesivamente. Nunca había tenido tanto miedo en mi vida. Solo de pensar en que iba perder a mi esposa, me llenó de angustia; no estaba listo para perderla, así que continué orando por ella mientras detenía a nuestra pequeña en mis brazos. Finalmente, todo salió bien y mi esposa estaba a salvo; sin embargo, tenía que guardar reposo por las siguiente dos semanas para poder sanar. Dios nos bendijo con nuestra hermosa pequeñita, y el amor que tenemos hacia ella es imposible de explicar; especialmente, porque estábamos esperando su llegada por tanto tiempo. Definitivamente sufrimos muchos altibajos, sin embargo, todo fue con el propósito de prepararnos para el regalo que Dios tenía para nosotros. Por favor eviten creer en las mentiras del diablo; mejor, recuerdan confiar en Dios y el propósito que tiene para sus vidas. No se desanimen si han sufrido en el pasado, porque Dios lo utilizará para llenar sus vidas con una luz que cautivará a aquellos viviendo en la oscuridad, por la esperanza que encontraron en Jesucristo. A veces nuestro pasado oscuro servirá para traer aquellos que están en oscuridad, hacia la luz que hemos encontrado en Jesús. Para poder entender la paz, primeramente, tendríamos que sufrir, para así poder comprender la diferencia entre los dos. ¿Entonces, de qué manera vamos a poder comprender y valorar la paz de Dios en nuestras vidas? ¿Cómo podríamos estar agradecidos por la paz de Dios si nunca tuvimos que aguantar ningún sufrimiento en nuestro pasado? Sufriendo con propósito. Esto solamente se puede realizar cuando vivimos para Cristo, de lo contrario, el dolor que experimentamos sería en vano, y nos llevaría a la destrucción. Habrá temporadas en nuestras vidas en que vendrán tormentas para destruirnos, pero Jesús siempre estará ahí para transformar nuestro desastre lodoso en un jardín exuberante. Mateo, el apóstol escribe: "Vinieron las lluvias, se desbordaron los ríos y los vientos soplaron violentamente contra la casa; pero no cayó, porque estaba construida sobre un cimiento de roca viva"[46]. Cuando estamos establecidos en la roca (Jesús), podríamos resistir cualquier tormenta que venga a nuestro camino, y el desorden que dejamos atrás no se comparará con la belleza que vendrá. Solamente en Cristo tenemos propósito en la vida, y no podemos lograr nuestro potencial si no experimentamos el dolor en nuestras vidas, porque así es como podemos compartir la paz ilimitada que viene de Jesús. Le rogamos a Dios que puedan vivir una vida llena de alegría a pesar de los problemas, porque así es cómo sabrás que estás viviendo una vida enfocada en la eternidad. ¡Vayan!, no olviden sufrir con propósito, y ser una luz brillante, para que así puedan compartir la bondad y

---

[46] Mateo 7:25 (BLPH)

gracia eterna de Dios con el mundo quebrantado al su

alrededor, en el poderoso nombre de Jesucristo, ¡Amén!

Capitulo ∞

El Llamado al Arrepentimiento & Aceptación

Si nunca te has arrepentido de tus pecados o aceptado a Jesús como tu Salvador, y te gustaría tomar esa decisión hoy, por favor, no te esperes para hacerlo. Está decisión será la más importante en tu vida. La decisión que tomas determinará en dónde será tu destino eterno; sea, el cielo o el infierno. Recibimos el regalo gratuito a través de la fe, no por obras, lo cual significa que no tenemos que mejorar nuestras vidas antes de pedirle perdón a Dios. En otras palabras, no tienes que esperar hasta que endereces cosas en tu vida para poder creer y aceptar a Jesús como el Mesías; porque no sabremos cuándo será nuestro último respiro en esta vida.

Si no estas seguro cómo orar por la salvación, seria algo como (en tus palabras):

Amado Dios, acepto que soy un pecador y que Jesucristo murió por mis pecados. Te pido de todo corazón que me perdones por los pecados que he cometido. Yo creo en el sacrificio que hizo Jesús en la cruz para mi. Jesús mi Dios, te acepto en mi corazón como mi Salvador, y te pido que me llenes con Tu Espíritu Santo, para poder vivir una vida dedicada a ti, en el nombre de Jesús, ¡Amén!

Si tomaste la decisión de aceptar a Cristo Jesús y tienes preguntas, o necesitas hablar con alguien, por favor mándanos un correo electrónico a:

purposedrivenpain@gmail.com

Lino & Esmeralda Camacho

Libros Recomendados Para Una Vida Sagrada

1. *La Santa Biblia*

2. *"Matrimonio Sobre La Roca",* de Jimmy Evans y Karen Evans

3. *"El Enojo: Cómo Manejar Una Emoción Poderosa De Una Manera Saludable",* de Gary Chapman

4. *"Promesas Quebrantadas: Esperanza y Sanidad Para La Mujer Traicionada Sexualmente",* de Debra Laaser

5. *"Una Vida De Bendición: El Simple Secreto Para Vivir En Abundancia Cada Día",* de Robert Morris

6. *"Una Vida Sin Limites: Inspiración Para Una Vida Ridículamente Feliz",* de Nick Vujicic

7. *"El Campo De Batalla De La Mente",* de Joyce Meyer

8. *"Una Vida Con Propósito: ¿Para Qué Estoy Aquí En La Tierra?"*, de Rick Warren

9. *"Embarazo Y Parto Sobrenatural: Cómo Experimentar Las Promesas De Dios Acerca De La Concepción, El Embarazo Y El Parto"*, de Jackie Mize

10. *"Esperanza Para El Corazón Afligido: Encuentra a Dios En Medio Del Dolor"*, de Billy Graham

11. *"El Caso De Cristo: Una Investigación Personal De Un Periodista De La Evidencia De Jesús"*, de Lee Strobel

12. *"Abrazados Por El Espíritu: Las Bendiciones Desconocidas De La Intimidad Con Dios"*, de Charles R. Swindoll

13. *"Batalla de Cada Hombre"*, de Stephen Arterburn

Bibliografía

Brown, Susan Chapman. *"Of God and Genders: The Bride of Christ: A Portrait of the Men and Women of the Church"*. Bloomington, IN. WestBow Press, 2016. 34.

Chapman, Gary. *"Anger: Handling a Powerful Emotion in a Healthy Way"*. Chicago, IL. Northfield Publishing, 2017. 148.

Evans, Jimmy. *"The Four Laws of Love: Guaranteed Success for Every Married Couple"*. Dallas, TX. XO Publishing, 2019. 44.

Roberts, Ted. *"Conquer Series: The Battle Plan for Purity"*. Stuart, FL. KingdomWorks Studios, 2017.

Stone, Joanne, Eddleman, Keith. *"The Pregnancy Bible: Your Complete Guide to Pregnancy and Early Parenthood"*. Buffalo, NY. Firefly Books Ltd., 2003. 31.

Titus, Larry. *"The Teleios Man: Your Ultimate Identity"*. Oviedo, FL. HigherLife Development Services, Inc., 2010. 44.

Made in the USA
Las Vegas, NV
24 July 2023